たたかう！　社会科教師

戦争の真実を教えたらクビなのか？

増田都子著

社会批評社

推薦文

人間性回復のための戦い

辻井　喬

教育の現場が崩壊している。その一番の原因は指導者になる資格のない人間が、イメージ操作とか、優越的地位を悪用した偽の恩恵バラマキによって責任ある地位を占拠しているからである。勿論、それを許してしまった民主主義者の側にも責任はある。

しかし正義と基本的人権が侵されている時、まずはそれを回復することが先決である。

増田さんの戦いは今孤立しているように見えるが、それは事実ではない。本質的には圧倒的な多数派である。しかしそれはまだ表立った意見にはなっていない。私たちは、声なき声を聴く力を強めるために事実を知ること、正しい主張にも論理性と同時に思想の美しさを知らせる方途を持たなければならない。

この本はそういった点でもこれからの、主権在民と平和のために戦う人たちにとっての教訓に満ちている。

本書を読んだ人々が、記述の底を流れている「敵を味方にするという人間の最も美しい力」を発見する時、はじめて教育は人間性を回復し、教育現場は強制ではない倫理性・人間性を基礎にした秩序を回復するに違いない。

（つじい たかし　作家・詩人）

刊行によせて

都教委・獅子身中の虫

鎌田　慧

わたしは、この本の著者である増田都子さんを、「女東堂《とうどう》」と秘かに呼んで畏怖している。いうまでもなく、「東堂」は大西巨人の大ロングセラー『神聖喜劇』の主人公・東堂太郎のことである。彼は戦時中、朝鮮海峡に面して、全島要塞化されていた対馬・鶏知《けち》町にあった砲兵隊に補充兵として召集され、その隊内にあって帝国陸軍の兵卒として、暴力とともに教育馴致しようとする軍隊内権力にたいして、知力を尽くして抵抗する。その抵抗の魂が、増田さんの孤軍奮闘を想起させるのである。

東堂太郎の武器は、「軍隊内務書」である。わたしたち軍隊未体験のものは、軍隊を超法規の無法地帯と思いこんでいる。横に並ばせてはり倒す鉄拳制裁は、戦後の学校にまで持ち込まれた「愛の鞭」だが、そのような軍隊の「真空地帯」ぶりは、隙あらばでてくる、軍隊的規律をもとめるノスタルジーとして、隊外に流れだしていた。ベトナムを侵略した米軍の新人教育もまた、映画『プラトーン』に描かれたような、理屈抜きの暴力による教育訓練だったようだ。

ところが、東堂太郎は、軍みずからが制定した「軍隊内務書」に依拠して、その法治主義と成文法主義の徹底を追及しようとする。「規則」を逸脱する「命令」にたいする不服従の領域をつくりあげようとする。彼の強靭さは、まず「軍人が睾丸を袴下の左側に入れるというのは、なぜでありますか」との上司にたいする質問からはじまる。

「被服手入保存法」の一節に、「睾丸ハ左方ニ容ルルヲ可トス」とあることについての質問である。この珍妙な質問に激怒した大前田軍曹（班長、この小説での「悪役」）は、東堂を呼びつけて平手打ち2発を食らわすが、それ以上の暴力は振るうことはできない。無学な庶民としての大前田にとっても、法治主義を無碍に否定しきることはできない。むしろ、「学校出」の連中の方が、俗悪無法である。

果たして、自分の抵抗は「ゴマメの歯軋り」なのかどうか、と東堂自身も悩んでいるのだが、日本帝国陸軍のまっただなかにいて、その軍隊の粗暴な下級幹部の「命令」にたいして、「規則」を盾に敢然と対峙する心意気は、わが増田都子を彷彿とさせてやまない。

増田さんの抵抗の記録としては、先に足立十六中学校での平和教育を弾圧した、土屋たかゆき、古賀俊昭、田代ひろしら都議3人組との闘争を描いた『教育を破壊するのは誰だ！』（社会評論社）がある。これによって、わたしは彼女の敢闘精神と記録精神に感嘆させられたのだが、その教員としての熱意と独創性とすぐれた資質は、10年前に出版されていた『中学生マジに近現代史』（ふきのとう書房）にみごとにあらわれている。

彼女が教室で実践してきた、日本の戦争責任と平和についての考えを深める教育の成果は、この本に引用されている子どもたちの文章にもよくあらわされている。そして一方の、都教委の指導主事など、教育を取り締まる連中や大騒ぎして彼女の分限免職をしかけた3都議の醜悪さも明らかにされている。

この本は、「ふたたび教え子を戦場に送らない」とする、戦後日本の教師の誓いを、いまなお身体を挺して実践している教員の未来にむけた記録であり、東堂太郎のように、法律や規則によって法治主義を徹底させようとした果敢な闘争記録であり、かつて「伏魔殿」と呼ばれるほどに利権王国だった東京都が、いまや平和と人権教育殺しの最先端と成り果てた、石原都政の教育現場からの暴露である。

都の教育委員会は、教員の査定（考課）や「主幹」制度の導入、職員会議の空洞化、日の丸・君が代処分などを乱発し、日本のファッシズム化の元凶となっている。その連中からもっとも憎まれていたからこその、増田攻撃だったのだ。

たったひとり、石原強権都政とむかいあった増田さんの闘争は、充分に理に適っていて、ドタバタ都議たちなど歯が立つものではなかった。彼らは名誉毀損で訴えられて罰金を支払い、「増田東堂」は都教委全体と対等に渡りあってきた。理は彼女にあったからだ。

ついに暴力的な排除としての、八つ当たり「免職処分」をだすしかなかった都教委は、その時点ですでに敗北していた。いま進行中の取り消し裁判闘争によって、法的な決着をつけられるのは明らかだ。それは冷静な判断を欠いた帝国陸軍が、民衆を巻き添えにして自滅したように、石原都政とそのアナクロ教育体制にしがみついている連中の敗北のときであり、その権力体制が解体されるときである。

（かまた さとし　ルポライター）

目　次

第1章　「平和教育」を行ってなぜ分限免職か

韓国 MBC テレビのインタビューを受ける著者

ポストに「分限免職」の紙

２００６年３月31日午後６時45分、「勤務先」である東京・水道橋の東京都教職員研修センター（この年３月半ばに目黒から移転）を定時５時45分にピタリと退勤して、私は自宅に到着した。郵便受けを見ると、切手を貼ってない東京都の大型封筒（東京都のシンボル「いちょう葉」マークが入っているのですぐ分かる）が入っていた。

東京都教育委員会の職員が、わざわざ電車賃と労働時間とを使って、東京から千葉県のはずれの拙宅の郵便受けまで、それを突っ込みに来ていたのだ。開くと、２枚の紙切れが入っていた。1枚は「分限免職」、つまり「解雇＝クビ」と書いてあるもので、1枚は「処分理由書」なるものだった。

センターで、午後1時ごろだったたか、千代田区教育委員会指導課長なる赤井がニヤけながら（とにかく、生来そういう表情の男なのだろう）、「研修」中の私の部屋に来て、「発令するから来てください」と言った。私が「ここに持って来なさいよ。受け取ってあげるから」と言ってやったら、「自宅まで、お届けします」と言ったものなのである。

「はん、やりやがったね！」。というのが私の感想だった。「無法地帯・東京都教育委員会（略称・都教委）」だから、何やったって驚きはしない。まー、これで、明日からは、まったく24時間、自由の身！　あの、なんとも気持ちの悪いミニミニ・アイヒマン（注１）「指導」主事達監視下の、「研修センター」という名の強制収容所？　に行かなくてすむ！　しかし、もちろん、これは「違法・無法な処分」だ。日本がまだ法治国家・民主主義国家であるならば、許されるはずのないものだ。あらゆる手段（もちろん、非暴力で）を使って、極右知事・石原慎太郎配下の都教委と、その別動隊である極右都議らと闘っていくぞっ！　待ってろよ！

しかし、仲間たちは心配しているだろうから、これから方々に連絡だ！　と、それからは、たいそう忙しかった。

あー、自己紹介が遅れてしまった。私は、靖国神社にほど近い、千代田区立九段中学校の社会科教員だった。１９７３年に東京都の教員に採用されて以来、まじめに社会科教育に取り組んで33年である。「えっ？　何か悪いことをしたんじゃないの？　だから『クビ』にされたんじゃないの？　『教育委員会』って、エライ人達がやってるんじゃないの？」と普通、思われると思う。ところが、ところが、さにあらず……。

私は、何一つ、「悪いこと」をしてはいない。一度の授業不成立もなかった。実のところ、「エライ人達」であるはずの「東京都教育委員会」の方が、「悪いこと」!?　をしているのである。私は33年間、東京の中学校社会科教員として生徒たちの学ぶ権利・知る権利の実現のために、当然ながら、歴史・憲法・社会の真実をしっかりと教えてきた。しかし、「真実を教えること、曲がったことを批判することを教えること」、それが右翼に乗っ取られた現在の都教委にとっては、なんとしても気に入らない。だから、「増田都子教諭は、とんでもなく悪い、免職にしたい教員ナンバーワン！」なのであった。つまり、現在の都教委は、「石が流れて木の葉が沈む日本」の象徴とも言えるのである。

注1　アドルフ・オットー・アイヒマン［1906年3月19日～1962年6月1日］。ナチスの親衛隊中佐。国家保安本部第Ⅳ局（ゲシュタポ）ユダヤ人課の課長として、ヨーロッパ各地からユダヤ人をポーランドの絶滅収容所へ列車輸送した。2年間に「500万人ものユダヤ人を列車で運んだ」と自慢するように、任務を着実に遂行した。ナチス・ドイツ敗戦後、アルゼンチンに潜伏中、1960年にイスラエルの情報機関によって逮捕され、イスラエルに送られた。裁判では、「私は、ただ上官の命令に従っただけだ。与えられた任務・職務に忠実だっただけだ」から「私に責任はない。無罪だ」と一貫して主張し続けた。1962年、絞首刑となる。

分限免職とは？

実は、私も自分が「分限免職」という紙切れをもらって、「はて？　分限免職っていったい何だろう？」と不思議だったので、インターネットで検索してみた。「はてなダイアリー」には、以下のように出ていた。

「公務全体の機能を維持するため職員を免職させること。

公務員の身分を失わせる行政監督権の作用として、任命権者は、行政サービスの円滑な実施のために職員を免職させることができる。国家公務員法または地方公務員法に規定されている。分限免職は、精神疾患を理由に長期にわたり休職しているケースなど、職務遂行に支障がある公務員が対象となる。民間企業の『解雇』に相当する。

職務上の義務違反について個人の責任を問う『懲戒免職』とは異なり、分限免職では個人の責任は問わない。公務員の身分を失わせて、公務全体の機能を維持することが目的とされる。懲戒免職の場合とは異なり、分限免職では退職給付などを受けることができる。

しかし、分限免職の処分が行われるケースは非常に珍しい。職務上の義務違反に対する制裁として行われる懲戒免職に比べて、免職させる基準の設定が難しいためだ。したがって、職員としての身分を持ったまま、長期間にわたって断続的に休職を繰り返している例も見られる」

のだそうだ。

私は、33年の間、突然の手術などで１~２カ月の病気休暇を取ったことはあるが、断続的に休職を繰り返したことはない。そして、一度の授業不成立もなく、きちんと生徒達と信頼関係を持って社会科授業をしてきた。「職務に支障」など全くなかった！　そう！　「免職させる基準」は、「都教委にとって邪魔かどうか？」。

つまり、「憲法・１９４７年版教育基本法に忠実に平和教育・民主教育を行い、主権者として批判能力を持った子ども達を育てることのできる教師」、これが極右の石原慎太郎都知事のお気に入りで構成された東京都教育委員会の右翼メンバーにとって、私を「分限免職させる基準」だったのである。私の「分限免職」は、「行われるケースは非常に珍しい」ケースの中でも、特別希少価値!? を持つもののようである。

研修センターとは？　指導主事とは？

ここで、「研修センター」とか「教育研究所」とか「指導主事」とか言われているものについて、簡単に説明しておこう。

「東京都教職員研修センター」とは、東京都の設置条例によれば「教育の充実及び振興を図るため」として以下の「事業」を行うところ、となっている。

一　公立学校の教職員（以下「教職員」という。）の研修に関すること。
二　東京都教育委員会の任命に係る職員（教職員を除く。）の研修に関すること。
三　教育に関する専門的、技術的事項の調査研究に関すること。
四　教育に関する資料の収集及び活用並びに教職員に対する研究相談に関すること。

この「研修」というものがクセモノ！　なのである。ごく一般的な研修（すなわち、毒にも薬にもならないもの）のほかに、教育委員会にとって、私のように気に入らない教員を「研修」させると称して軟禁し、「嫌がらせ、イジメ」を一生懸命に行って、何とか辞めさせようとする「研修」も例外的なものとしては存在する。裁判で「増田に命じた研修とは、いったい、どの研修に当たるのか？」と「求釈明」というものをしたら、千代田区教育委員会は「『その他の研修』の中の、また『その他の研修』である」と文書で回答した。

各地の教育委員会が設置している「研修センター」とか「教育研究所」というものは、みな同じ機能を持っているが、職員はいわゆる「指導主事」と呼ばれる者達で構成されている。彼らは、教員（専門職）の中から選考試験を受けて、行政職である「指導主事」になる。

「地方教育行政の組織及び運営に関する法律」という長ったらしい名前の法律第十九条第４項によれば、指導主事とは「教育に関し見識を有し、かつ、学校における教育課程、学習指導その他学校教育に関する専門的事項について教養と経験を有する者であること」というのが、その選考条件ではある。

しかし、私の東京都教職員研修センターにおける観察によると、「指導主事」達の大部分は（もちろん例外もあったが）、「経験」はともかくも「教育に関し見識を有」さず、「かつ、学校における教育課程、学習指導その他学校教育に関する専門的事項について教養を有」しない者が、ほとんどだった。

拙著『教育を破壊するのは誰だ！［ドキュメント］東京・足立十六中学事件』（社会評論社）

の第Ⅳ部「第1章　東京都教育委員会による懲罰・長期・人権侵害『研修』の実態」に、何人もの「指導」主事達について詳細に記録してあるが、本書に登場する赤井指導主事（千代田区教委指導課長）、井沼、姉村（後、杉並区教委指導室長）、守谷、樋田指導主事らを見れば、それは明らかだろう。

東京都の場合、指導主事の任用は小中高一緒に行われ、配属は市区町村教育委員会と都教委に分けられる。役目としては各種専門（教務、進路、生活指導、各教科など）研修会、地（学）区の校長連絡会や教頭連絡会を担当する。連絡会は指導主事が各種専門と重複して割り当てられる。

その場合、以前は都教委からの連絡伝達、校長や教頭の管理職からの意見集約、意見交換等をして都教委にあげるという文字通りの「連絡」が中心だった。しかし、現在は都教委からの一方的な上意下達、命令伝達という伝令！　の役目になりさがっているようだ。

彼らは、元は現場の教員であったのだが、上昇志向が強く（校長になって学校に戻ることもある）、現場で授業するのがイヤになった教員達のようである（例外もあろうが）。本当に子どもが好きで、教えることが好きで、専門職として自分の授業に誇りを持っている教員であれば、「指導主事」などになろうとはしない（例外もあろうが）。もちろん、真に「教育に関し見識を有し、かつ、学校における教育課程、学習指導その他学校教育に関する専門的事項について教養と経験を有する者」が「指導主事」になっているのならば、喜ばしいことである。

教育を破壊する「悪の枢軸」＝「茶色の朝」

実は、この都教委による今回の私への弾圧は、私の平和教育(注2)に対する第２次攻撃である。２００３年10月23日、石原慎太郎都知事に任命された横山洋吉教育長は、都立学校の卒・入学式等において全教職員は正面壇上に貼られた「国旗」に向かって起立し、「国歌」を斉唱しなければならないとする、いわゆる「10・23通達」と呼ばれるものを出した。座席まで事細かに指定するもので、これに服従しなければ「服務違反を問われる」、つまり、「処分だ」と恫喝を明記した異常な通達である。

これに対し、憲法・教育基本法に忠実であることを責務とし（１９４７年教育基本法第十条は、明確に教育行政に対し教育に対する「不当な支配」を禁じた）、法令遵守精神を持つ教職員は、違法な「ルール」への服従を拒否した。その結果、03年の周年行事から07年までの卒・入学式において、不起立を貫いた教職員総計４００人弱が処分されている。定年後の再雇用が決定していた教員および嘱託教員は即、合格取り消し、解雇となった。

「クレージー」としか形容しがたいほどの、恫喝・暴力・強権教育行政である。これは、東京都議会の右翼反動都議・土屋たかゆき（民主党・板橋区選出）と古賀俊昭（自民党・日野市選出）、田代ひろし（自民党・世田谷区選出）との連携、および産経新聞報道と結びついて行われていた。これらが東京の平和教育破壊の「悪の枢軸」!?　である。そして、この都教委による「日の丸・

君が代強制に反対する不起立教員の大量処分問題」は、朝日新聞・毎日新聞・東京新聞、NHKなどでもかなり報道され、世間の注目を集めた。

しかし、実は、この右翼都議・産経・都教委三位一体が連携した「悪の枢軸」による暴走は、2003年の10月23日に突然、始まったものではない！　多くの人は今でも知らないようであるが、東京都の教育における「茶色の朝」(注3)は、1997年の「東京・足立十六中事件」から明け始めていたのである。そして、これが私の平和教育に対する第1次攻撃だった。

事実を歪めたデマ報道で鳴らす産経新聞しか、この「足立十六中事件」を報じず、後述するように本来、権力の弾圧への歯止めになるべき組合が、権力に組合員を売るという状況下で、私の平和教育への「偏向教育」攻撃に一定の「成功」を収めたこの「事件」以後、都教委の暴走は始まった。

1999年、私の授業剥奪・現場外しの懲罰長期研修、2000年、産経新聞による「校長土下座」をでっち上げての国立市の小学校の平和教育・民主教育への攻撃、多摩中の「指導力有り過ぎ教員」！　根津公子さんへの「指導力不足教員」攻撃、2003年7月、日野市の七生養護学校「過激」性教育事件、そして、同年10・23通達、2006年、職員会議における採決まで禁じる4・13通知と、都教委の暴走は留まるところを知らない状況となり、ついには2006年3月31日の、私に対する分限免職という事態となるのである。

この第1次攻撃「東京・足立十六中事件」については、前記拙著『教育を破壊するのは誰だ！』

に詳しいが、ここでも少し見ておこう。

注２　日本国憲法前文の「全世界の国民がひとしく恐怖と欠乏からまぬかれ、平和のうちに生存する権利を有する」と明記されている積極的非暴力平和主義と、その憲法理念の実現を教育の目的とした１９４７年版教育基本法がいう「真理と平和を希求する」主権者の育成、およびユネスコ憲章前文において「戦争は人の心の中で生まれるものであるから、人の心の中に平和のとりでを築かなければならない」と、基本的人権および自由の尊重が平和実現への道筋であると謳われていることに基礎をおく教育である。

内容としては、子ども達に「平和に関する教育」つまり、過去と現代の戦争の真実を知り、戦争の原因について考えさせ、戦争に反対していく教育とともに、人権、ジェンダー、環境、民主主義の実現などの公正で平和な文化を築いていく「平和を作り出す教育」を実践することを目指す。したがって、本来は日本国憲法、１９４７年版教育基本法下の日本の全ての学校で、全ての教員がその実践をすべきものである。

注３　フランク・パヴロフ著。２００２年のフランスで、現代的なファシズムを描いた短篇として話題を呼び、ベストセラーとなった。茶色［ファシズムの象徴］以外のペットを飼うことを禁止する法律ができたところから物語は始まる。茶とは違う色の犬と猫を飼っていた友人と主人公は、やむなく年老いたペットを安楽死させる。新聞は「茶色新聞」、放送も「茶色ラジオ」以外は禁止される。しかし、このような状況に違和感を覚えながらも、２人とも茶色の犬と猫を飼うようになる。「規則を守っているのだから安心」「茶色に守られた安心、それも悪くない」と考えてしまう。しかし、さらに新しい状況が生まれた。友人を始め、多くの人々の逮捕が始まる。主人公はようやく愕然とし、最初のペット特別措置法ができた時に「抵抗すべき

クする音がする……。

だったんだ。でも、どうやって？」と自問する。そして「茶色の朝」の夜明け前……主人公の家のドアをノッ

―母親が起こした「足立十六中事件」

1997年1学期末のことだった。私は当時は、東京都足立区立第十六中学校に転勤したばかりで、2年生を担当していた。そこで、地理・沖縄県の授業において、NHK福岡放映の九州レポート『普天間基地と普天間第二小』のビデオを使い、生徒の感想・意見をプリントしたものを教材として「紙上討論」を行った。初めて沖縄米軍基地に起因する同胞の苦難を知った生徒達からは、沖縄の人達への同情、米軍基地への批判、それを許す政治への批判など、その精神の健全さを示す意見が多く出た。いくつか紹介する。

＊私が想像していた「美しい沖縄」とずいぶん違った。
＊日本政府が沖縄の人に相談もなく全部、勝手に決めちゃって、きっと日本に裏切られたとしか思えないと思う。沖縄は独立することはできないだろうか？
＊本当に日本はアメリカに好き放題されているのがよく分かった。
＊東京も地震が心配だけど（こないと思うけど）沖縄の人もかわいそう。

〈先生から〉

地震は天災ですが米軍基地は人災です。

＊力でゆうことを聞かせるなんて暴力団と同じだと思った。

＊日本は沖縄に関してアメリカの植民地みたいだと思った。アメリカは広いのだから、そこで軍事練習をしてほしい。

〈先生から〉

アメリカは財政赤字と環境問題のためアメリカ国内の軍事基地は閉鎖ないし縮小しています。

＊あんな軍事基地があっても戦争があるわけでもないのに何のためにあるんだろう。

〈先生から〉

アメリカ政府はアメリカの「国益」をおびやかす国があればいつでも戦争すると明言しています。そのために沖縄＝日本の米軍基地は絶対に必要とアメリカ政府は言っています。

＊今、みんな「日本は平和」だって言うけど、こんなの全然平和じゃないと思う。

＊米軍基地を作らせるのが悪いと思った。

〈先生から〉

沖縄の人達は、もちろん抵抗できる限り抵抗しましたが米軍は暴力（銃剣とブルドーザー）でむりやり土地を取り上げて基地を作ったというのが歴史事実です。

＊日米安保条約をなくすしかない。

〈先生から〉

安保条約をなくそうという人は少数派です。アメリカの戦争のお手伝いに自衛隊を協力させるという約束をしています。

アメリカ人と結婚している母親が、このプリントを読み（読むように、そそのかしたのは都内公立小学校の女性教員である）、「反米教育だ、反米思想だ、こんな授業をやらせていいのか」などと足立区教育委員会指導室に1時間にわたる密告電話をした。「密告」であるから、もちろん、私は知らなかった。

足立区教委は、このような「保護者の苦情」なるものに対し、どう対応したか？　私には全く秘密に、指導室長・指導主事以下、彼女に即座に同調し、私に関することは「何でも言ってください」と激励していたらしい。校長・教頭もまた、私には全く秘密に即座に彼女に同調して、「反米偏向教育」と断定していたらしい。さらには、ＰＴＡ電話連絡網を使い、Ｔたる私抜きの「ＰＴＡ」会議を開いて、私の授業を問題視する保護者だけを集める、などして騒ぎまわらせていたらしい。見事にも卑劣な「学校・家庭・地域の連携」であった。

実は、後の裁判の中で分かったのだが、足立区教委指導室長がお伺いを立てた東京都教育委員会は、当時はまだ良識のかけらは残っていたらしく、私のその授業を「偏向教育とは言えない」と指摘していたのであった。にもかかわらず、指導室長は、その事実を隠蔽した。これは6年後に明らかになった事実である。このような指導室長（現・豊島区教育長）やら指導主事やら校長、教頭（現・葛飾区内中学校長）やらが、東京都教育委員会の言う、望ましい「教育公務員としての資質・能力」十分なる者達らしい。

ところで、当然ながら、私には秘密に行われていたこの陰湿な連携を、私だけは全く知らなかった。そこで、この親の騒ぎに巻き込まれた生徒から質問を受けたため、授業の中でこの母親を「この親」と匿名にして、「このようなアサハカな思い上がりによる教育内容への干渉は許しません」と、紙上討論授業の教材プリントに書いて説明した。

この文言を捉えて足立区教委指導室長・指導主事、校長、教頭は、密談の上、この母親に「名誉毀損」と、私を提訴させた。さらに、この母親は自分の娘である生徒に、２学期から私の社会科授業のみ「権利としてボイコット」をさせた。この生徒は、直後、当時の親友に「お母さんが『社会科の授業は出なくていい』と言うから出ないんだ」と言っていた。そして３カ月後、友人関係がうまくいかなくなって不登校となり、その後、転校した。この母親は、それを私の教材プリントのせいだとして、また騒ぎまわった。

問題の根は、私が前任校の足立区立第十二中学校できちんと歴史の事実、社会の真実を教え、生徒たちが１９４７年教育基本法前文にある「真理と平和を希求する」人に成長した結果、足立十二中での１９９７年３月の卒業式の「国歌斉唱」（未だ国旗・国歌法はなかった）時に、生徒達の一部が抗議の着席をしたことにあった。これを、鈴木明（民主党）・藤崎（公明）足立区議らが区議会で、私の「偏向教育」の結果と問題視し、私は足立区教委から狙われていたのであった。それが、この母親が起こした「足立十六中『名誉毀損』捏造事件」裁判の過程で判明した。

都教組（全教）は所属組合員を売った

私は、この母親が起こした事件の大騒ぎの中でも、一度もたじろいだことはない。日本国憲法制定後、その理念に反する政治が何十年も実施され、同様、教育憲法たる1947年教育基本法の理念に反する教育行政が、何十年も実施されている以上、憲法・教育基本法の理念に忠実な社会科教育は、いずれ、どこかで激突するだろうと思っていた。人権尊重・人格の尊厳・自由・真理と正義・自主的精神……そういった教育上の基本的なものが、体系的に否定、抹殺されつつある文部（科学）省学習指導要領、およびそれに忠実たらんとする教育行政という構造において、憲法・教育基本法の魂であるそれらをきちんと教える平和教育は、いずれ激突する……その時が、来た。そして、その時……私は、たった1人だった。文字通り孤立無援だった。なぜか？

当時、私が所属していた都教組（全教）足立支部執行委員会は、どう対応したか？　彼らは「民主教育、平和教育を進めます」というスローガンを掲げながら、「父母国民と手を結ぶ」方針!?を口実にして、私に対し、教育基本法第十条が禁ずる「教育に対する不当な支配」干渉を行ってきた母親に屈服するよう迫ったのである。そして私に対し、「母親を誹謗中傷した」として都教委が不当処分を出すと、これを歓迎した。所属組合員である私の教育を、「偏った教育」と明記したビラ（都教委でさえ「偏向教育とは言えない」と認定していたもの）を大々的に足立区内繁華街でばらまくやら、足立区内全教職員に配布するやら、という体たらく。

そのビラたるや、拾った生徒が右翼のものと勘違いして「センセー、ヤツら、また、こんなもの配ってたよ。訴えちゃいなよ」と言うほどのものである。それを受け取った私も、てっきり右翼都議・土屋らがばらまいたものと思った。ところが、末尾に「東京都教職員組合足立支部執行委員会」と明記してあったので、ズッコケてしまった。翌日の共産党機関紙『しんぶん赤旗』は、この都教組（全教）の行動を嬉々として是認し報じた。

私は、都教組（全教）おススメの、教育への不当な干渉をしかけた一母親への屈服を拒否した。そして所属組合員を売って恥じない都教組（全教）では闘えないため、私は新組合・東京都学校ユニオンを立ち上げ、全労協（全国労働組合連絡協議会）に加盟して、さらに断固として闘った。

２００３年、東京都教育委員会は、日野市にある都立七生養護学校の性教育に関連して、１１６名もの教員（管理職も含む）の大処分を行った。この学校の性教育は、それまで都教委からも高く評価されていたのにもかかわらず、である。これも民主党都議・土屋が尖兵となり、自民党都議・古賀、田代が協力して「学習指導要領を踏まえない過激な性教育、過激なジェンダー・フリー教育」と都議会で攻撃し、産経新聞がこれを大々的に報道した結果だった。つまり、１９９７年の「足立十六中事件」で成功した「悪の枢軸」による攻撃の結果だった。

03年9月25日付『新聞都教組』によると、「都障教組は……一部都議らの主張を全面的に受け入れ、『教育活動』を『不適切』ときめつけたことは、教育基本法が禁じた教育への不当な支配そのものと批判した声明を発表しました。都教組も12日付で教文部長談話『教育内容に乱暴に踏み込んだ都教委の処分強行は、東京の子どもと教育への総攻撃——都教委の暴挙に満身の怒りを持って抗議するとともに、処分の全面撤回を要求する——』を出しました」そうだ。

１９９７年、一母親による反米偏向教育攻撃から始まった「足立十六中事件」こそ、まさに「一部都議らの主張を全面的に受け入れ、『教育活動』を『不適切』ときめつけたことは、教育基本法が禁じた教育への不当な支配そのもの」「『教育内容に乱暴に踏み込んだ都教委の処分強行は、東京の子どもと教育への総攻撃——都教委の暴挙』の最初であった。このとき、東京都の学校における「茶色の朝」は明け始めていたのだ。もし、都教組（全教）に教職員組合としての良心が存在するならば、真摯な自己批判と増田への謝罪が必要だ、と考えられることだろう。

困った「人権派」弁護士

私の闘いが困難だったのは、攻撃開始時に、前記のように所属組合員を売って恥じないような組合に属していたことと、最初に頼んだU弁護士が「大船」どころか、「泥舟」だったという状況であったことにある。

この弁護士は「人権派」として有名で、今でも「人権派」「護憲派」の会にはたいてい顔と名前を出して大活躍していらっしゃる方だが、何とも教条主義だった。「教師は権力者、父母・生徒は弱者」という「公式」から、一歩も抜け出すことができなかった。クライアントである私の説明に、なぜか聞く耳を持とうとしなかった。

これは応用問題である。一般的公式が、いつでも当てはまるとは限らない。歴史事実として、「魔女狩り」の先頭に立ったのは、常に民衆の中のアサハカな部分であった。クリスタル・ナハトでは、ヒトラー・ユーゲントの子ども達が、ガラスを砕いた。いつの世も「支配的な思想は、支配者の思想」なのだから、支配者の手先となる、民衆の中の、民衆の裏切り者は常に出てくる、という「公式」もあるのだ。

「国民の教育権」は、「『子ども達の真理・真実を知る権利』を保障しろ」と要求する「権利」であって、権力とツルみ、「子ども達の真理・真実を知る権利」に干渉・介入・妨害する「父母」が、「弱者」であるはずがない。「民衆」の中の「民衆の裏切り者」は、もはや「民衆」ではなく、「権力の尖兵」そのものである。彼らは、未来の主権者である子ども達の首を絞める者達であって、憲法・教育基本法下の教師は、相手が誰であれ「不当な支配に服」してはならないはずだ。まず、彼らの、その卑しい汚れた手を、子ども達の首から離させなくてはならない。しかし、この弁護士は、自分が好きな公式から一歩も出ようとしなかった。

この弁護士は、「増田さん、なんで、あなたが指示してプリントにアンダーラインなんか引かせるんですか。生徒に自分で引かせればいいじゃないですか」などと、のたまわれたものだ。私は、私の教育方法についてのご教示を頼んだことはないのだが……。この弁護士作成の「和解案」なるものは、「原告・母親は、反米軍基地は、反米ではないことを理解する。被告・増田は原告の感情を傷付けたことを謝罪し50万円を払う」というものだった……。「反米軍基地は反米ではないことを理解」という変な日本語はともかく、最初にいきなり殴り付けてきたこの母親の非を認めさせないでおいて、なぜ、私が「謝罪」しなければならないわけ？　おまけに言うことか、「あのプリントは、恥ですよ」。おい、おい、おい……こんな馬鹿げた「和解」＝増田屈服案を、そのまま受け入れたら、黒衣として、この母親の後ろにベッタリ張り付いている教育委員会が、即座に飛び出してきて、「お前は、自分の非を認めたな、処分だ」となることは、目に見えている。

この弁護士ときたら「善意」には違いないのだろうが、私の「処分」への道を、一生懸命、掃き清め、しかも、どうしても、それに気づかない、という人であった。おまけに「最後に、このお母さんに『処分は望まない』と一筆、書いてもらったら、いいですね」なんて言うのである。おい、おい、おい……そりゃ『処分してやってね』と書いてくれ」と依頼することだよ。なぜ、私が、そんなことを「お願い」しなければならないわけ？

この母親とタイアップしていた足立区教委は、この「和解案」なるものを、私が受け入れるもの、と思い込んでいたようである。この弁護士が、「これを増田に受け入れさせますから」と言ったに違いない。

この母親が「小林和子」という名で書いたという、雑誌『正論』１９９８年11月号によると、「増田の弁護士（即ち増田）が『和解』を申し込んだ」ことになっていた。実は、足立区教委は１９９７年11月には、もう私の「処分」を都教委に要請する事故報告書原案を作成済みであったのだ。この弁護士のおかげで、私が屈服するものと見たのである。しかし、私は屈服しなかったので、それは「幻」の事故報告書になり終わってしまった！

しかし、今もって、この弁護士には、自分が果たした客観的役割についての自覚は、なさそうだ。ただ、彼がクライアントに利敵行為をし、さも私が屈伏するかのように言ってくれたことは、足立区教委指導室長の裁判証言や事故報告書によると、この母親を始め、彼らに大いなる期待を抱かせ、撹乱させることになっていたようで笑えた。この弁護士のために言っておけば、むろん、本件以外では、立派な人権派弁護士であることは間違いないだろう。

幸い、「真の人権派弁護士」の最長老とも言うべき、元教科書訴訟弁護団長の故森川金寿弁護士が引き受けてくださってから、闘いは前進した。さすがに森川先生は、お送りした書類だけで、すぐこの問題の本質を見抜かれて、格調高い、素晴らしい準備書面を書いてくださった。そして、真の意味で「人権」とは何かを知っており、「本物」と「偽物」を見抜くことのできる能力を持つ人達が、口コミで、１人、また1人と集まって『平和教育を守る足立の会』を立ち上げ、私をしっかりと支えてくれた。

そして、数年の苦闘の後、独立組合である東京都学校ユニオンを立ち上げた。これで、やっと都教組（全教）、「人権派」弁護士が、私のスカートを踏んづけるだけ踏んづけてくれたマイナス地点からゼロ地点に立つことができた。

右翼都議・産経新聞・都教委などの総攻撃

この母親は、産経新聞に一方的情報を流し、右翼都議・土屋たかゆき（民主党）が飛びついた。産経新聞と土屋は、私に対する「偏向教育」バッシングキャンペーンを張り、都教委に私の「懲戒免職」を迫った。そして、土屋と自民党都議・古賀俊昭、同・田代ひろしは共著で、名うての右翼出版社である展転社から、『こんな偏向教師を許せるか』という俗悪本を出した。同書には「感情的な反米教育」「犯罪事実」「これだけの偏向授業をしている確信犯ともいえる教育」「生徒をマインドコントロール・洗脳」などと、私の授業に対して全くのデマ・誹謗中傷が満載である。私は、３都議と展転社を名誉毀損、プライバシー侵害で東京地裁に訴えた。

この裁判は、２００７年４月27日、東京地裁において、私が名誉毀損とした27カ所のうち11カ所が認定され、76万円の賠償請求が認められた。そのため、３都議は控訴審では必死になって仲間の右翼を動員し、裁判所前で口汚く私を個人攻撃する醜態を演じ続けた。中心の西村修平は、右翼メディア『國民新聞』記者であり、「維新政党・新風」の幹部党員というプロ!?　の右翼で、「増田は北朝鮮へ帰れ」なんぞと!?　ギャンギャン、低劣なデマ宣伝をしたのである。

この西村という男は、神奈川で松井やよりさんを囲む女性の集会に紛れ込み、大声で怒鳴りつけたり、発言者に向かって飲料缶を投げつけるなどの脅迫・暴行によって集会を中止に追い込み、逮捕された確信犯的「犯罪者」である（懲役1年6カ月・執行猶予5年の有罪確定）。

この男は、他にも女性国際戦犯法廷を取材したNHKに連日街宣車を連ねて怒声を張り上げ、建造物に乱入したり、電話で脅迫を繰り返し、報道に不当な圧力を加えた。また、南京虐殺問題や百人斬り問題を取り上げた本宮ひろし氏の漫画掲載に対して、出版元の集英社にもNHKの時と同様の脅迫まがいの「抗議」を行った。集英社側は、こうした脅迫に屈服して漫画の該当部分の掲載をやめてしまった。西村は、このように相手の意見や報道を暴力や脅しによって破壊するような危険な行動右翼だが、集英社へのこのような「抗議」行動にはもちろん、都議の土屋や古賀も参加していた。

ところで、東京都教育委員会は、このような都議や産経新聞の要求のままに、私に不当な連続処分をかけてきた。第1減給処分、第2減給処分、そして第3処分たる現場外しの懲罰長期研修処分である。この研修処分は、1999年9月1日から2002年3月31日までの2年半におよんだ。権力をカサにきた現場外しの強制、そのための「研修所」送りである。

さて、「研修」の実態については、ぜひ、前記拙著を参考にしていただきたいが、一例だけ挙げよう。私は、以下の文言を三度研修レポートに書いてやった。「『正しいとか間違っているとか考えるのではなく、上からの指示は無条件に従うべきもの、という思考が徹底』されて教育活動がなされなければならない。これは本研修の指導担当者達の、明示されないものの自ずと滲み出る御薫陶から看取されたものである」。

『　』の中の文句は、オウム真理教信者が、法廷で「なぜ、あのような犯罪をしでかしてしまったか」という心理について語り、新聞でも大きく報道されたものだ。そして、この言葉は根本においてアイヒマン精神を意味している。ところが、「指導」主事達は全く一度として、この部分にはイチャモンを付けなかった。つまり、都教委による私への長期研修強制の目的は、やはり、あの凄惨な犯罪を起こしたオウム真理教信者並みに、「正しいとか間違っているとか考えるのではなく、上からの指示は無条件に従うべきもの、という思考が徹底」するように「御薫陶」することにあったのである。己らのように「易易としてアイヒマンたれ」!?　であった。

しかし都教委は、私を「指導が不適切な教員」（指導力不足教員）なるものには、一度も認定できなかった。それには無理があった。そのような事実はないから。私は、「職務命令だ」と彼らが言うところの「研修を命ずる」という1枚の紙切れを受け取ったのみである。この現場外しの不当処分に対し、提訴して闘って初めて都教委は、２０００年8月31日付で、つまり研修命令から1年後になって、私がさも「指導力不足教員」であるかのようにでっち上げた文書を大量に出してきた。

都教委の不法行為は裁判で認定

それでいて、いや、だからこそ、と言うべきか。都教委は、地方公務員法第三十四条の禁ずる「守秘義務」に違反し、「東京都個人情報保護条例」に違反し、私の個人情報をこの３都議に漏洩するような非行を犯しながら今も平然としている。都教委は、私の「該当者調査と懲戒処分要求」に対しては全く無視し通してきた。東京都教育委員会あげての組織的権力犯罪と言うべきであろう。

私は、この件でも都教委を提訴し、損害賠償を請求した。東京高裁は07年2月14日、この都教委の個人情報漏洩を明確に「不法行為」と断罪し、私への賠償を命じた。すなわち、「地方公務員法」に反する非違行為を行ったのは、教育長をはじめとする東京都教育委員会事務局の面々であったのだ。しかし、都教委は、この高裁判決に従わず上告までしている。なお、この非違行為を実行した当時の都教委指導部指導企画課長だった近藤精一は、その後、東京都教職員研修センター所長になっていた。

さて、事件を起こした一母親、それと全く同じ知的レベルにあった足立区教委指導室長・指導主事、足立十六中校長・教頭、東京都教育委員会、右翼都議どもの共通点は、道理に訴えるのではなく暴力によって（暴力をふるえる権力がなければ、それを持つ者に擦り寄って）人を屈服させんとするところにある。彼らには義なく、道理がないのだから、そうするしかないのであるが、しかし、私は義も道理もなき者たちには絶対に屈することはない。

裁判官の資質は？

また、「裁判官の資質」も大問題である。１９９９年7月1日に、土屋が足立十六中の学区域で一番の繁華街・北千住で行った街頭宣伝を名誉毀損として提訴した裁判は、私の勝訴が確定し、35万円を支払わせたが、判決の中に次のようにあった。

「学習指導要領では日の丸を掲揚し、君が代を斉唱するよう指導を求めていること、原告（増田）は、学習指導要領には一定の拘束力があるにも関わらず、生徒に対し、教師としての立場で、日の丸、君が代の持つ意味、歴史的経緯について批判的に紹介し、君が代は国歌でないと発言していること（当時は『国旗・国歌法』は無い）、原告（増田）は、政治的色彩の強いテーマを題材に紙上討論授業を行っていることからすると、被告（土屋）らにおいて、原告が学習指導要領の枠の中で授業をしていないと信じる相当の理由があったと認められる」

「（増田は）政治的見解の対立のあるテーマを授業で扱っており、政治的中立性が保たれるよう配慮することが必要であるにも関わらず……紙上討論授業において米軍基地問題を取上げ、日米安保条約反対、米軍基地反対の方向に議論を導いているばかりか、教師としての立場から真実を伝えると強調した上で日米安保条約反対、米軍基地反対の意見を掲載し、その意見は生徒を説得するべく強い調子で書かれている」

だから、土屋が「偏向教育」と信じたのにも無理がなく、誤信相当性があるので違法性が阻却

される、と⁉

ここには、現在の裁判官が、憲法第九十九条（公務員の憲法尊重擁護義務）を忘れ切った「立場」に立っていること、「日本国憲法を基準として公正中立」であるべき裁判官自体が、「安保反対の立場に立つ者は政治的中立性を守っていない」とみる「偏向した立場」に立っている者であることが、露骨に表明されている。

その他、処分撤回裁判においては、山口幸雄、三代川三千代裁判官らは、一母親・産経・土屋・都教委のでっち上げストーリーを、そのまま認定しただけでなく、都教委の主張が弱いとみるや、裁判官自ら事実を捏造して都教委を正当化してやる、という体たらくであった。山口幸雄裁判官は、「君が代」ピアノ伴奏拒否教員に対する処分も「正当」と判決した。「心の中で反対だと思う『自由』は認められているのだから、心の中で『反対』と思いながら、弾けばよい」というわけだ。

小泉首相の靖国参拝を違憲と断じた福岡地裁裁判官のように、憲法尊重擁護義務を果たしている裁判官も稀少ながら存在するようであるが、行政の犬となって恥じない官僚裁判官が、現在は大半のようである、と言ったら言い過ぎだろうか？

以上に見るように、この第1次攻撃の時、私は四面楚歌ならぬ八面楚歌だった……。①一部右翼的保護者　②保身しか考えない校長・教頭　③都（区）教委　④土屋たかゆき・古賀俊昭・田代ひろしら右翼都議　⑤産経新聞　⑥行政の犬になり下がった官僚裁判官　⑦所属組合員を売って恥じない全教（都教組）という組合　⑧子どもが泣いたという浪花節にコロリと引っかかり、教育内容・方法に対して不当な干渉をしかけてきた母親への屈服を迫った「人権派」弁護士……。

しかし、私は、この中で、断固として闘ってきた。私には怖いものはないから。なぜなら、義は我にあり、真実は我にあるからだ。たとえ、全世界が敵にまわりデマ宣伝が行き渡ろうとも、私の生徒達は、私が、ごく真っ当な教員であることを知っているのだから。

第2次攻撃としての免職処分

そして、2005年、私の平和教育に対する第2次攻撃がかけられてきた。

その発端は、02年4月から現場復帰していた千代田区立九段中学校で、4年目に入った夏の処分だった。05年8月30日、私は「戒告処分」を都教委によって受けた。異例なことに、これは、私本人も校長も知らぬうちにプレス発表され、本人である私は、朝日新聞記者から「処分が出ましたね」と電話されて初めて知った！　というしだい。この経緯については後に詳述するが、こんな都教委のようなやり方は、通常の「教員処分」ではあり得ず、まして、他の県教委ではあり得ない。

「教員個人情報を地方議員には漏洩してもいいのだ」と、地方議会の場で教育長が公言するという教育委員会も都教委以外にはないが……。とにかく、この「戒告処分」からして都教委は異常だった。もっとも、この処分は昇給が何カ月だか延伸となるという比較的軽い処分であるが、いったい、私が、そんな「処分」に値するどんな「悪い」ことをしたのか？　それが問題だ。都教委が出した「処分理由書」を見てみよう。こう書いてある。

「平成17年6月末ころから同年7月上旬ころまでの間、東京都千代田区立九段中学校第3学年A組、B組及びC組教室において、社会科公民の授業を行った際、特定の公人名を挙げて、国際的には恥を晒すことでしかない歴史認識を得々として喜々として披露している、歴史偽造主義者達という不適切な文言を記載し、また、特定の出版社名を挙げて、歴史偽造で有名なという不適切な文言を記載した資料を作成し、使用した。

このことは、全体の奉仕者たるにふさわしくない行為であって、教育公務員としての職の信用を傷つけるとともに、職全体の不名誉となるものであり、地方公務員法第33条に違反する。よって、上記の処分を行うものである」

のだそうだ。

良識までいかなくとも「普通の常識」の持ち主なら、この都教委の処分理由には呆れ返ってしまうと思われる。なぜなら「不適切な文言」なるものは、後述する私の教材・紙上討論プリント中のノ・ムヒョン大統領宛ての手紙の中にある以下の一節だからである。

「04年10月26日の我が東京都議会文教委員会において、古賀俊昭という都議会議員（自民党）は言っています。『(我が国の）侵略戦争云々というのは、私は、全く当たらないと思います。じゃ、日本は一体どこを、いつ侵略したのかという、どこを、いつ、どの国を侵略したかということを具体的に一度聞いてみたいというふうに思います。（カッコ内は増田）』（文教委員会議事録）などと、国際的には恥を晒すことでしかない歴史認識を得々として嬉々として披露しているのが我が日本国の首都の議会なのです。横山洋吉教育長以下、東京都教育委員会は、これに対し何の反論もしませんでした。というより、大いに共鳴しているのでしょう。侵略の正当化教科書として歴史偽造で有名な扶桑社の歴史教科書を『生徒たちに我が国に対する愛国心を持たせる一番良い教科書』などと公言して恥じない人達ですから。古賀都議その他の歴史偽造主義者達が『日本は一体どこを、いつ侵略したのかという、どこを、いつ、どの国を侵略したかということを具体的に一度聞いてみたい』なら、『一度』韓国独立記念館や南京大虐殺記念館に行ってみたらいいのです。『具体』例が、『聞いて』見る間でもなく眼前に展開しています。『歴史を反省しない国』と他国の人から言われることは屈辱ではありますが、残念ながら『そんなことはありません』と言い切れぬ現実があり……」

私が事実しか書いていないことは、「普通の常識」の持ち主ならば容易に見て取れるだろう。

05年8月15日の小泉首相談話は言う。

「我が国は、かつて植民地支配と侵略によって、多くの国々、とりわけアジア諸国の人々に対して多大の損害と苦痛を与えました。こうした歴史の事実を謙虚に受け止め、改めて痛切な反省と心からのお詫びの気持ちを表明する……」

こんなものを持ち出すまでもなく、わが日本がかつて「侵略と植民地支配によって多くの国々に多大の損害と苦痛を与えました。こうした歴史の事実」の存在は国内的にはもちろん、国際的にも「常識」中の「常識」である。

それを、この古賀俊昭なる者は、都議という公人として、つまり都民を代表して、都議会文教委員会という公の場で、国内外の常識を堂々と否定し、「侵略などなかった」などと妄言を開陳して歴史を「偽造」している事実が厳として存在している。しかも、それが議事録という公の記録に残されていることを恥じてもいないのである。民主主義社会ならば、このような公人は公人であるからこそ、当然、批判されなければならぬものだ。「良識」まで行かずとも「常識」があれば、正しい批判・指摘をした方を「不適切な文言」などと判断する方の判断力の方こそが「不適切」だと理解できるだろう。

扶桑社も扶桑社教科書を「右寄り過ぎ」と

扶桑社の歴史教科書もしかり、である。この教科書については、あの侵略戦争を推進した大日本帝国憲法時代と同じく「自存自衛の戦争」などと記載し、アジア解放の戦争であったかのように、侵略戦争の正当化・美化をしており、「歴史を偽造するもの」として、国内的にも国際的にも大きな批判をまき起こした。

結局、この時点で採用したのは、都教委、杉並区教委、滋賀県教委、愛媛県教委、栃木県大田原市教委だけにすぎず、日本全国でたったの0・4%という採択率だった。そのため、採算が取れず、この教科書を作成した「つくる会」の醜い内紛・分裂を引き起こす、という体たらくの教科書である。真っ当な社会科教員なら、「教科書」などにはまったく「不適切」である、ということが当然、判断されるものなのである。

07年5月31日付「新しい歴史教科書をつくる会」の藤岡信勝会長「声明」(「つくる会」HPで公開中)によれば、扶桑社歴史教科書について「2月に扶桑社から受け取った回答は、従来のつくる会との関係を解消するというものでした。その後の調査で、その理由は『現行の〈新しい歴史教科書〉に対する各地の教育委員会の評価は低く、内容が右寄り過ぎて採択が取れないからであり、社の方針に賛同する人々を執筆者とし、書名も変え、別会社をつくって発行するというものであることが判明しました』」とあった。

扶桑社自身が、扶桑社の「つくる会」歴史教科書は、「各地の教育委員会の評価は低く、内容が右寄り過ぎて採択が取れない」ということを認めている。つまり、扶桑社は、扶桑社歴史教科書を右寄り偏向過ぎて、都教委やら杉並区やらのほんの少々の教育委員会を除けば「採択されない」ダメ教科書だと認めたのである!

不適格都知事下の不適格教育委員会

このような「社会の現実」が日本に存在することを「社会科教員」として、生徒たちに教えて考えさせたこと、つまり「事実を教えて考えさせたこと」をもって、教育委員会により「社会的信用失墜行為を犯した」などと処分されるとは、日本が民主主義国家・法治国家ならあり得ないことだろう。しかし、現実にそれは起こり、私は「公務員不適格」として「分限免職」されるまでに至ったのだ。

都教委は、こんな「教科書不適格教科書」が大好きで、これを東京の全ての子ども達に使用させたいし、妄言右翼都議の古賀俊昭らとはツーカーの関係なのだから、彼らを批判する教員は「クビにしてやるぞ」ということなのである。まったく私怨のリベンジ!?としか言えない。

ここから分かることは、もはや都教委は「社会的信用失墜行為」群団に乗っ取られている、と言っていいくらいなのだ。それは、右翼都知事・石原慎太郎が、自分の好きな右翼的連中だけを集めて教育委員に任命しているのだから、当然の結果、と言えば言える。特に「教育委員会教育委員長職務代理者」などという、長ったらしい名前の地位にある米長邦雄教育委員（07年12月退任）ときたら、元は将棋指しらしいが、その醜悪な女性スキャンダル、金銭スキャンダルが『週刊現代』で何週間にもわたり、完膚なきまでに暴露されているほどの「社会的信用失墜行為」を犯しているのだが、こういう「社会的信用失墜」男が、東京都教育委員会を牛耳り、「子ども達に道徳教育をしよう」なんぞと語っているのである。

ここで、石原都知事が今までに公の場で表明した歴史観と憲法観、そして人権感覚の一端を見てみよう。

○「近代の歴史原理は帝国主義しかなかったんだ。欧州の列強に植民地にされるか植民地を持つかというね。それで日本もやったわけだけど、おかげで世界各地で民族意識が目覚めて戦後かつての植民地は独立したわけでしょう」(99年8月25日/9月号『SAPIO』、小林よしのりとの対談)

○「近現代史の中に日本が強大な軍事国家として登場しなかったら、いまも白人の植民地支配が続いていたと思う」(00年11月30日、衆院憲法調査会で参考人として意見陳述した中で)

○「日本人が南京で大虐殺を行ったといわれるが、事実ではない。中国人が作り上げたお話であり、うそだ」(米国版『プレイボーイ』、90年10月号でのインタビュー)

○「南京に関わる非難は、まったくのナンセンスです。いわゆる虐殺は、1946年の東京戦犯裁判の過程で、アメリカ人が捏造したものです」(ドイツの『デァ=シュピーゲル』誌、00年4月号)

○「新しい憲法をつくったら自衛権だってきちんと定義できる。ぼくなんかが思うのは、日本は世界一の防衛国家になったらいい、と。そして世界一優秀な戦闘機をつくってどんどん外国に売ったらいいんだ」(99年8月25日/9月号『SAPIO』、小林よしのりとの対談)

○天皇ははっきり元首にしたらいいんですよ。(00年3月号『正論』、「永田町紳士淑女を人物鑑定すれば」)

○「"文明がもたらしたもっとも悪しき有害なものはババァ"なんだそうだ。"女性が生殖能力を失っても生きているってのは無駄で罪です"って。男は80、90歳でも生殖能力があるけれど、女は閉経してしまったら子供を産む能力はない。そんな人間が、きんさん、ぎんさんの年まで生きてるってのは、地球にとって非常に悪しき弊害だって……なるほどとは思うけど、政治家としてはいえないわね（笑い）」（『週刊女性』01年11月6日号「独占激白〝石原慎太郎都知事吠える！〟」）

○「東京では不法入国した多くの三国人、外国人が凶悪な犯罪を繰り返している。大きな災害が起きたときには騒擾事件も想定される。警察の力には限りがある。皆さんには災害だけでなく、治安の維持も目的に遂行していただきたい」「国家にとっての軍隊の意味を国民都民に対して示してもらいたい」（00年4月9日、陸上自衛隊練馬駐屯地（第一師団）の創隊記念式典でのあいさつ）

○「田中均という奴は爆弾を仕掛けられた。当ったり前の話だとわたしは思う」（03年9月12日、外務省の田中均外務審議官宅に時限式発火物とみられる不審物が仕掛けられた事件について、自民党総裁選の応援演説で）

枚挙に遑《いとま》がないので、この辺にしておくが、こうした史実偽造や好戦史観、人権無視、テロ容認の「見識」を持つ石原都知事は、06年6月14日、東京都議会本会議において、私の免職処分について次のように述べている。

「自分の思い込みを絶対化して教材として押し付けるというのは、これはまあ愚かというか、まさに愚かだと思いますけれども、教師としての資格は全くないと思います。……教育公務員としての適格性に欠ける教員に対しては、都教育委員会において厳正に対応していると思います」

果たして、「思い込みを絶対化」しているのは誰だろうか？　日本政府の見解に反し、最高法規である憲法と１９４７年教育基本法の理念に反し、それゆえ「公務員としての適格性に欠ける」のは、いったい誰だ？

48

第2章　処分対象とされた社会科「紙上討論」

千代田区立九段中学校
また、「日本はいかなる国も侵略した事実はない」
という歴史歪曲発言を繰り返した
千代田区立九段中学校

「紙上討論」の実際

石原都知事および石原都知事に絶対忠誠を誓う都教委、および石原都知事が失言をするたびに支持集会をしている都議の古賀（自民）・田代（自民）・土屋（民主）らばかりを見ていると、気持ちが悪くなるだろうから、ここで、清涼剤として紙上討論授業で私の生徒達が書いている健全な意見を紹介しよう。こういう生徒達を育てたことが、都教委にとって「クビにしたい教師ナンバーワン」!?　だったわけなのだが。

〈2年生紙上討論Ⅳ　05年3月「アジア・太平洋戦争の戦争責任」を考える
ビデオ『我が闘争（ヒトラーとアウシュビッツ）』、ビデオ『侵略（日本軍はアジアで何をしたか）』を見て考える〉

Ａ組

●軍隊が全員ボイコットすべきだったのでは？

①戦争の責任は、戦争になっていくのを知っていたのに、それを止めなかった人たちです（日本人は(´_`)。一般の国民は、何も知らなかったのだからまだしも、日本軍の幹部や、その他の政府の幹部の人たちは知っていたのだから、軍隊の人たち全員でボイコットを起して、戦争になってい

くのを止めるべきだったと思います。当時の幹部の人たちは何考えてたんだか('_')……今はもう亡くなっている人には、とやかく言ってもしかたありませんが、生きている人たちには、ぜひ、罪を認め、中国やアジアの人たちに対して心から謝り、罪を償ってほしいと思います。国民は、従うしかなかったんだから、責任はありません。

◎先生から

帝国憲法下の軍隊は「皇軍＝天皇の軍隊」であり、「上官の命令は朕の命令と心得よ（軍人勅諭）」ということで「すべての命令」に「絶対服従」で、自分の考え・意見を持ってはいけなかったのです。

②戦争責任は天皇にあると思います。たとえ戦争する案を出したのが天皇でなくても、天皇は最高の立場として、それを止めなければならない義務があったからです。

●どんなに拷問を受けても、虐殺は拒否すべきだったのでは？

③ヒトラーのユダヤ人虐殺も、アジアを侵略した日本軍も、同じくらいヒドイ。こんな人間たちは、この世に必要ない。自分が得することなら相手のことも考えない。低能な人間でしかないのでは？　人間のクズだ。こうゆう人間がいるから、いつまでも争いが終わらないんだ。罪を認め、まともな人生を歩もうとしても、殺した人間が生き返ることはない。ビデオの元日本兵の人のように、今、どんなに「申し訳ないことをした」と思っても、当時は、何のためらいもなく殺した

のだろうし……ためらいがあったのなら、殺人をするはずはない。本当に、ためらいがあったなら、どんなに自分がキツーイ拷問を受けても、自分が死んでも、殺すはずがない。このころの日本軍は、ロボット同然の殺人マシーンだ。こういう人たちは生かさず、殺さずの拷問にかけられた方がいい。

◎先生から

確かに、極々少数ながら、あなたの言うように自分が拷問を受けても、「殺さない」という道を選んだ日本兵がいました。以下に紹介しておきます。しかし、もちろん、この、渡辺良三さんのような例は「稀有」のものです。当時の皇軍兵士は、渡辺さんへのリンチを当然のこととして行ったように、自分の頭で善悪を考えてはいけないロボットのような存在にされていたのです。（略）

④戦争責任については「日本の国民に問題がある」と思う。天皇を神だと信じ、天皇に逆らえなかったからだ。戦争がイヤだったら、もっと自分の意見を言うべきだった。

⑤戦争の責任は天皇にあると思う。国民は、何も知らなかったのだから責任はない。

⑥戦争の責任を「～が悪い」とか決め付けられるものではないと思います。だから誰にも責任はないと思います。

⑦日本軍がアジアでしたことをビデオで見て、こんなことをしていて間違っていると思わなかった７３１細菌戦部隊の石井四郎たちが、同じ日本人として恥ずかしかった。なのに、この人たち

が「戦争犯罪人」として裁かれなかったのは、とても、おかしいと思う。

戦争責任については、近衛文麿内閣から鈴木貫太郎内閣までの全ての閣僚と軍部の上層部にあると思う。こういう時の内閣でも、日米開戦に反対していた人もいる、という人がいるかもしれないが、その人たちにも、完全に戦争を止める義務があったと思う。昭和天皇の戦争責任については、少し、あると思う。陸軍の東条や杉山、海軍の永野たちが、いくら、日米開戦をおしたとしても、大元帥・統治権者として、それを止める義務があったと思う。

しかし、昭和天皇について僕が一番問題だと思うのは、昭和天皇の敗戦後の言動である。自分の地位を守るためにアメリカ軍に協力し、部下にウソの証言をさせるなどの行動は、この上ない利己主義である。何らかの原因で戦争が起こってしまうのはしかたのないことかもしれないが、一度、戦争が始まったならば、敵国民はもちろん自国民にも死者が出るのも覚悟しなければならない。なので、戦争をする時には指導者は敗戦確実となった瞬間に腹を切る、ぐらいの覚悟がないといけない、と思う。

しかし、昭和天皇には、その根性というか、潔さが全く見られない。東久邇宮稔彦王や幣原喜重郎首相に守ってもらい、のこのこと、その後44年間も、よく生きてこれたな、と思う。戦争で犠牲になった人（日本国民のみとは限らない）に申し訳ないと思わないのか？と思う。周りも周りだと思う。自分が死刑になるのに、本当のことを言わないで天皇を守っていたやつの気持ちがよく分からない。真実を言わなくたって死刑なんだから、いっそ、全ての真実を言った方が良かったと思う。
つまり、まとめると、戦争責任について大部分は、戦時中の閣僚で、少しが昭和天皇にある。しかし、昭和天皇の終戦から敗戦以後の行動は、とてもイサギが悪く、利己的な考えでさもしいし、あわれな人間なのだ、と思う。でも、イサギ悪い、という点でいえば、開戦時の閣僚だった岸信介や、右翼の児玉よしおなどの、アメリカの占領政策の転換でA級戦犯を逃れた人々も、かなり往生際が悪いと思う。「『戦争をやろう』と決めたところにいた以上、それを止めなかった人も含めて、他人に言われなくても、自分で責任を取るのは当り前」と僕は考えている。

B組

●戦争の残虐さについて

①ヒトラーについてのビデオも、日本軍についてのビデオも、見て、とても残酷だと思った。映像的な残酷さもあるが、社会的な残酷さの方が大きい、と思った。日本が、こんな過去を残した現在、僕たちに何ができるのだろうか？　残酷な過去を残した国の人間としてのプライドが持てるか？……僕は持てない。こんなに非道く、信じられないようなことをしてきたからだ。
だけど、何とかしてプライドを保ち、過去のことを忘れないで生きていけば、過去を清算することができるだろう、と僕は思う。

②日本軍のアジア侵略のビデオについて。あまりのひどさに、感想がありません。ニヤニヤ笑い

ながら、ものすごく大勢の人を無差別に殺していくなんて、日本軍は最低なことを平気でしてきたんだな、と思いました。現在にまで続く「反日運動」も無理ないのかな？ と感じました。

戦争責任について。戦争責任は誰にあるのかは、とても難しいです。でも、絶対に言えるのは「国民には責任はない」ということです。だって、国民が意見など言う場なんてなかったし、国民が知らなかったことが多いのだから。でも、そう考えていくと、戦争責任は、当時の政治のトップにあるのかもしれません。

③ヒトラーについてのビデオについては、ヒトリの男の独裁により、国全体が、こんなに変わってしまって驚いた。ユダヤ人虐殺は恐ろしかった。

日本軍の「侵略」については、人間を生きたまま実験に使ったりしたのが、とても恐ろしかった。

戦争責任については、国民に戦うことを命じたり無責任だったりする天皇もいけないけど、当時の人に申し訳ない気もするが、抵抗しようとしなかった国民も、おかしいと思う。天皇の言うことに従って戦争で死ぬよりも、戦争に反対して抵抗して死んだ方が、絶対良いと思う。

●日本軍部による戦争では？

④ヒトラーの独裁政治、ユダヤ人に対する迫害や、日中戦争時の南京大虐殺等、この世に実際にあったこととは思えないほど、残酷だ、と思いました。また、中国で人間を実験台に使ってペストやコレラを流行させた日本軍は、非常識……人間だとは思えません。

この戦争は日本軍部による戦争で、この戦争の全ての発端は、日本の軍隊にあると思います。これは作家の半藤一利さんの『昭和史』でも書かれている意見です。

◎先生から

確かに、満州事変は、関東軍が起こした南満州鉄道爆破事件が「発端」ですが、それを罰するようにすすめた側近のアドバイスに反して、関東軍に「お誉めの言葉」を与えて、その行動を追認した天皇については、どう考えますか？

また、アジア・太平洋戦争（米英との戦争）については、資料に詳しく書いておきましたが、何度も何度も御前会議を開いて、天皇の事前の十分な承認のもとに、「発端」である真珠湾・マレー半島攻撃が起こされたのが事実で、満州事変のように天皇が知らないうちに軍部が起こしたものでは全くありません。半藤さんの『昭和史』にはアジア・太平洋戦争（日米戦争）についても、「全ての発端」は「日本軍部」による、と書いてありますか？

●南京大虐殺はウソでは？

⑤先生に質問です。ビデオの中身って9割かた、「おかしいな」と思うところがあります。どうして、あんな所で写真を撮ったり、絵を描いたりできるんですか？　中国は南京大虐殺の死亡者数を「30万人」、日本では「20万人」とか言っているって字幕が出ましたけど、とても小さい場

所なのに、そんなに亡くなることはあるんですか？　そういうことに対して根拠とかありますか？　違うなら、そのような思想を植え付けないでください。

◎先生から

現在、右翼的な人々が「南京大虐殺はデマだ」という主張を声高に言っています。インターネット上には、そういう歴史事実に反する主張が恥ずかしげもなく、たくさん載せられています。が、その主張には「根拠」がありません。なぜなら、現在でも生き証人（奇跡的に生き残った人、「幸存者」と中国語では言うそうです）と生きた証拠（写真、映写フィルム、当時の人が書いていた日記ｅｔｃ．）が中国には、たくさん、あるからです。

「あんな所で写真を撮ったり」できるのです。当時の日本人従軍カメラマンが撮った写真、欧米の特派員が撮った写真、当時の南京国際区にいたジョン・ラーベというドイツ人ナチス党員が、当時、日本の南京大虐殺を詳細に写真に撮り、詳細に記録した記事をドイツ本国に報告していたもの、当時のアメリカ人マギー牧師が危険をおかして撮影していたフィルム、当時のアメリカ人の女性の日記ｅｔｃ．数限りなくあります。

「絵を描いたりできるんですか」については７３１部隊員が描いた絵（米軍に提供したもの）やソ連軍による戦犯裁判に提出された資料が残っています。あのビデオに出てきた「手術台の絵や生体実験の犠牲になった人の絵」については、当時描かれたものではありません。ナレーションで言っていたように、当時日本軍憲兵として731部隊に「マルタ」と呼ばれる実験材料にされた「捕虜」を送り込んだ良房とらお氏の証言をもとにして描かれたものです。731部隊に関しては、日本人により記録された本もたくさん出版されていますが、私は、そこで生体実験をした湯浅医師による、詳細な証言の記録の1冊の本を持っています。

「30万人虐殺」？「20万人虐殺」？　という数字については、「正確な数」を確定しようと、今も研究者による研究が進められていますが、概数しか発表できないのです。「南京大虐殺でっち上げ説」の人々は、この数字の「違い」をもとにして「南京大虐殺はなかった。中国人と日本人『自虐史観』派のでっち上げ」だなどと主張しますが、東京大空襲の犠牲者数が一般的には「10万人」と言われ、みんなの教科書には「8万人」となっていることをもって「根拠がない」ということになりますか？「東京大空襲はでっち上げだ」ということになりますか？「本当に根拠とか」ない、ということになりますか？　原爆の犠牲者数についても、現在でも「約20万人」という概数でしか言えません。しかし、数字が完全に正確ではない、ということは「その事実がなかった」ということにはならないのです。

「とても小さい場所なのに、そんなに亡くなることはあるんですか？」ですが、あなたが南京は「とても小さい場所なのに」と言える根拠はなんですか？　南京大虐殺否定派は、「当時の南京の人口は20万人しかいなかったから、30万人虐殺できるはずがない」と言いますが、20万人というのは南京安全区委員会が1937年12月17日付文書で、「もし市内の日本兵のあいだで直ちに秩序が回復されないならば、20万の中国市民の多数に餓死者がでることはさけられないでしょう」と書いてあることによるのでしょう。しかし、これは南京陥落後の安全区内に避難収容された人に限った数であり、南京大虐殺以前の南京市の人口ではありません。南京市は「城区」（市部）と「近郊区」（県部）にわかれます。城区に限っても1937年11月23日（日本軍制圧直前）に南京市政府が作った文書には人口約50万人となっています。さらにこの後、避難民の流入もあり、日本軍に包囲された中国軍の兵士も15万人いました。戦前、城区の人口は約１００万人、近郊区の人口は約１３０万人という数字がでているのです。現在の南京市の面積は６５９７平方ｋｍ、人口５６３万人（東京都は、それぞれ、２１８７平方ｋｍ、１１７４万人）です。

「そのような思想を植え付けないでください」については、どのような「思想」を言っているのか、私にはよく分かりませんが、私の思想は「民主主義」思想です。私は「人間の自由と平等」「公正であること」を何よりも重んじます。こういう「民主主義」の思想は「自分の頭で考える」ことを前提としていますから、「植え付け」ることはできないと考えています。私は研修を積み、「根拠のあること」のみを教えているつもりですが、研究状況や私の勘違いも、もちろん、ありますので、「完璧だ」などと主張するつもりはありません。

最後に、南京虐殺否定派の日本人が書いた本の中で、虐殺の生き証人である李秀英さん、夏淑琴さんを「偽証人」と誹謗中傷されたことで李さんが日本の裁判所に提訴し、勝訴した時のインタビューを載せておきます。（略）

⑥「ひどい暴虐を働いたのは、ドイツのヒトラーぐらいだ」と思ってましたが、私たちと同じ日本人も同じことをしていたなんて、夢にも思いませんでした。去年行われたサッカー「北京ワールドカップ」で、日本の過去について、かなりのブーイングがあったのを、テレビで見ましたが、その時は、「なんで、スポーツに政治的なものを持ち込むのか？」と怒りました。しかし、今回の日本軍の『侵略』のビデオを見て、その考えが変わりました。日本軍がやったことはヒドすぎます。人間として絶対に行ってはいけないことだと思います。私は、今回のビデオを見て、今まで以上に「戦争は絶対にしてはいけない」という考えが強まりました。

C組

●ヒトラーと南京事件について

①ヒトラーのやったことは、とても人間がやったこととは思えないが、受験した学校に何度も落ちていたなんて、少しは人間らしいと思った。それからヒゲの形が個性的。
日本軍が起こした南京事件は、異常なほど悲しいことだと思った。中国の人に反日感情が残っている理由も分かった。……でも、そろそろ仲良くしようよ。

あの日本の戦争の責任は、天皇と軍部にあると思う。なんで、戦後の裁判で天皇が裁かれなかったのか不思議だ。

②ヒトラーの言っていることは、よく分からなかったけど、演説のしかたが上手く、みんながだ

まされるのも分かるなぁ〜、と思った。人がゴロゴロ死んでて、とても恐かった。

●自国の過去の都合の悪いことは教えないから、子どもも「罪の意識」が薄れるのでは？

③アドルフ・ヒトラーのみを「悪し」という考えは、どうかと思う。つまり、なぜヒトラーが実権を握れたか、ということだと思う。つまり、ヒトラーとドイツ国民には、つながる部分があったから、アドルフ・ヒトラーの演説がドイツ国民に認められたのだと思う。この原因は第１次世界大戦、世界恐慌によって、ドイツ経済のインフレがひどくなり国民生活が非常に苦しくなったからだと思う。そして、さらにその原因は、ベルサイユ条約で、ドイツが英・仏に巨額の賠償金を取られたからだと考える。これらのことがなければ「ベルサイユ条約の破棄」をとなえたアドルフ・ヒトラーは、頭角を現せなかっただろうし、ナチスの躍進もなかっただろう。

そして、そうなっていれば、日本は米と開戦はしなかっただろう。つまり第2次世界大戦、アジア太平洋戦争の戦争責任は連合国の主要国にあると自分は考えている。つまり、現在も日独伊の同盟国を悪くしか言えない連合国こそが、この第2次大戦において日独に大量殺人をさせた原因を作った責任があると、自分は考え続けている。でも、開戦の責任は日本にないと思うけど、戦争の内容は日本に責任があるとは思うけど。

今の日本の歴史教科書は、東条らの日本の軍人ｅｔｃ．を悪者にするが、なぜ、自分が考えるような欧米の悪事を書かないのか。たとえば、パレスチィナ問題の原因も、もとはと言えば、独立したかったパレスチィナのアラブ人にも、イスラエルを作りたかったユダヤ人にも、それぞれは内緒に同じ土地を与えると約束した英外相であるし、独裁者としてはアドルフ・ヒトラー、ムッソリーニを書くが、なぜ、スターリンやスペインの独裁者フランコ将軍のことを、ちゃんと教えないのか？　と自分は考える。現代についても、ルーマニアに独裁者がいた、ということを教えない。チェチェン独立のときについてもそうだ。

ここまで書いてきた中で、一番言いたかったのは、日本では、国（政府・文部科学省）が子どもに対して、戦前の「軍事国家・大日本帝国」であったときのことを隠し、都合の悪いことを教えていないと考えられる、ということだ。国会では「子どもによる犯罪」がどうのこうの、とか言っているが、自国の過去の都合の悪いことは、教えないから、子どもも「罪の意識」が薄れるのではないのだろうか？　確かに、本当のことを教えるには、まだ早すぎる年齢だと思う。しかし「子どもによる犯罪」は、中卒で遊びほうけている、一部の「社会のクズ」と言える子どもたちによって行われている。一つ言っておくが、自分は「中卒は、みんなオカシイ」とは思っていない。がんばって働いている人もいることを認めているから、誤解しないでほしい。

要するに、中学で道徳などとともに、「過去の戦争犯罪」についても、教えていくべきだと考える。誰か、こんな日本の国を変える人が現代の日本に必要だと思う。

◎先生から

「戦争責任」について、前半部と後半部の論点が違うような気がしますが、学校教育について現代のドイツを紹介すると、日本とは違い、非常にたくさんの時間を充てて、「ナチスの戦争犯罪」の問題を子ども達に考えさせています。インターネットで、ある掲示板を見ていたら、高校の先生から、以下のような書き込みがありました。

「ドイツでは、どこの学校でも先の大戦における自国の過ちと加害性を、学校で徹底的に教えますが、中3ぐらいの段階では、第2次世界大戦でのことだけで、1冊の厚い教科書があり、さらにそれ以上の厚さのある残虐な加害行為の写真集まで副教材に使い、丸1年間をかけて徹底的に自国の過ちと加害の歴史を教えます。これはほんの一端にしか過ぎず、自国の罪を暴く多くの博物館等の建設・徹底した被害者の探求と補償、こうしたきわめて道徳性の高い政策を戦後一貫して行い続けることによって、周辺諸国から高い信頼と尊敬を勝ち得、ユー《ママ》ロの指導的立場を任されるに至っているわけです」

3・1のノ・ムヒョン演説全文を紹介

以上の、生徒達と私の意見を読みあう紙上討論授業が終わった時点で、韓国のノ・ムヒョン大統領が3月1日に演説されたものを生徒達に紹介した。インターネットで公開された全文を読んだ時、私はとても感銘を受けたものだ。「日本の侵略と植民地支配」についての学習を終え、「戦争責任」を考えさせていた時だったので、これはとてもタイミングが良いと思った。

この3・1演説は、韓国民だけに対するものではなくて、率直に日本人に対して歴史への反省を呼びかけたものとして、現代の日本に生きる生徒達に日韓の真の和解のためにはどうすればいいかを、よく考えさせる良い教材となると考えたのである。特に私は、演説中の「法的、政治的関係の進展だけでは両国の未来を保障することはできないでしょう。もしそうであるならば、やるべきことをすべてやったと言うことはできません。それ以上の実質的な和解と協力の努力が必要であります。真実と誠意を持って、両国の国民間を塞いでいる心の障壁を崩し真の隣人として生まれかわらなければなりません」というところは、たいへん貴重な問題提起だと思った。

「真実と誠意を持って、両国の国民間を塞いでいる心の障壁を崩し真の隣人として生まれかわるためには、日本人は、何をしていかなければならないかを生徒達とともに考えたかった。そこで、生徒には「ノ・ムヒョン大統領へ手紙を出そう！」ということで、演説文を読んだあと、感想意見を書いてもらう授業をした。以下は演説全文である。


尊敬する国民の皆さん、独立有功者と内外貴賓の皆さん。

86周年3・1節記念式を、ここ柳寛順《ユガンスン》記念館において持つことになったことをうれしく思います。あの日の感動が、より生々しく感じられるようです。3・1運動は、まさに誇らしい歴史であります。人間の自由と平等、国の自主と独立の権利を闡明《せんめい》した3・1精神は、今も人類社会と国際秩序の普遍的な原理として尊重されています。また、上海臨時政府から今日の参与政府に至る大韓民国の正当性の根となりました。

このような3・1運動の偉大な精神を受け継ぎ、二度と再び１００年前のような過ちを繰り返さないことが、愛国先烈に対する道理であり、３・1節に思い起こす私たちの誓いであります。国のために犠牲となり、民主主義と繁栄の礎石を据えてくださった愛国先烈の皆さんに頭をたれて敬意を表します。独立有功者と家族の皆さんに深い尊敬と感謝の言葉を贈ります。

国民の皆さん。私は去る日曜日、独立記念館を訪れました。旧韓国末期に開化を取り巻き《ママ》、意見の差が論争を越えて分裂に至り、ついには指導者たちが国と国民を裏切った歴史を見ながら、今日、私たちが何をすべきかを深く考えてみました。併せて、わが国土で日本と清国、ロシアが戦争をおこなった状況の中で、力無き私たちがどちらかの側に立ったとしても、何が変わったのかを考え、国力の意味を再び思い起こしてみました。そして、今日の大韓民国が本当に誇らしく思われました。もう私たちは、１００年前列強の狭間で何ら変数にもなれなかった、そんな国ではありません。世界に遜色の無い民主主義と経済発展を成し、自らが守り得る豊かな力を持っています。東北アジアの均衡者としての役割を担うことのできる国防力を育てています。先烈の皆さんも今、私たちの姿に感心されていることでしょう。

国民の皆さん。今年は韓国と日本の国交正常化40周年となる特別な年であります。一方では、韓日協定文書が公開され、未だ解決されていない過去問題が蘇り、また違った難しさが提起されています。この間、韓日関係は法的にも政治的にも相当な進展を成してきました。95年に村山日本総理は、《痛切な反省と謝罪》をおこなったし、98年には金大中大統領と小渕総理が新韓日関係パートナーシップを宣言しました。

2003年には私と小泉総理が、《平和と繁栄の東北アジア時代のための共同声明》を発表しました。韓日両国は、東北アジアの未来を共に切り開く共同運命体であります。互いに協力しながら、平和定着と共同繁栄の道を歩まなければ国民の安全と幸福を保障することのできない条件の上に立っています。法的、政治的関係の進展だけでは両国の未来を保障することはできないでしょう。もしそうであるならば、やるべきことをすべてやったとは言うことはできません。それ以上の実質的な和解と協力の努力が必要であります。真実と誠意を持って、両国の国民間を塞いでいる心の障壁を崩し真の隣人として生まれかわらなければなりません。

フランスは反国家行為をおこなった自国民に対しては、峻厳な審判を下しましたが、ドイツに対しては寛大に手を繋ぎヨーロッパ連合の秩序を創ってきました。昨年シラク大統領は、ノルマンディ上陸作戦60周年記念式に初めてドイツの総理を招待して、《フランス人は貴方を親友として歓迎する》とし、友情を表しました。

わが国民もフランスのように寛大な隣人として、日本と共になりたいという願いがあります。この間わが政府は、国民の怒りと憎しみを煽らないように節制し、日本との和解協力のために積極的な努力をおこなってきました。実際にわが国民は、よく自制して事理をわきまえ分別を持って対応していると思います。私は、この間の両国関係進展を尊重し、過去史問題を外交的争点として捉えないと公言したことがあります。そして、この考えは今も変わりはありません。過去史問題が提起される度に、交流と協力の関係が再び止まり、両国間で葛藤が高まることが未来のためによくないと思ったからであります。しかし、私たちの一方的な努力だけでは解決できることではありません。両国関係の発展には日本政府と国民の真摯な努力が必要です。過去の真実を糾明し、真心を持って謝罪して、賠償することがあれば賠償し、そして和解しなければなりません。これが、全世界がおこなっている過去史清算の普遍的な方式であります。

私は、拉致問題に因る日本国民の怒りを充分に理解しています。同じように、日本も立場を代えて考えて見るべきです。強制徴用から日本軍慰安婦問題に至るまで、日帝36年の間に数千、数万倍の苦痛を受けたわが国民の怒りを理解すべきであります。日本の知性に再び呼びかけます。真の自己反省の土台の上で、韓日間の感情的わだかまりを取り除き、傷を癒すことを進んでおこなうべきであります。これこそが、先進国であることを自負する日本の知性らしき姿であります。そうしなければ、過去のくびきから逃れることはできません。いくら経済力があり軍備を強化しても、隣人の信頼を得て国際社会の指導的国家となるには難しいでしょう。ドイツはそうしました。そして、ふさわしい待遇を受けています。彼らは自ら真実を明らかにし、謝罪して補償する道徳的決断を通じてヨーロッパ連合の主役となることができました。尊敬する国民の皆さん。

韓日協定と被害補償問題に関しては、政府も不足な点があったと思います。国交正常化自体は、やむを得ないことだったと思います。いつまでも国交を断絶しているわけにもいかず、私たちの要求をすべて貫徹できない事情もあったでしょう。しかし、被害者としては国家が国民個々人の請求権を一方的に処分したことを納得するのは難しいと思います。遅くなりましたが、今からでも政府はこの問題を解決することに積極的な努力をするでしょう。国民皆さんの意見を集め、国会と協議して適当な解決策を模索していくでしょう。

すでに、総理室に民官共同委員会を構成して、いくつかの法案を検討しており、より包括的な解決のために国民諮問委員会の構成を準備しています。併せて、請求権問題の他にも未だ埋もれている真実を明らかにして、遺骸を奉還することなどを積極的におこなうでしょう。日本も、法的問題以前に人類社会の普遍的倫理、そして隣人間の信頼の問題という認識を持って積極的な姿勢を見せるべきであります。

国民の皆さん。3・1運動の精神を思い起こして、先烈たちが夢見た先進韓国の未来に向かい力強く進んでいきましょう。日帝の銃剣に立ち向かい立ち上がった先烈たちの勇気と、すべてを乗り越え一つとなった大同団結の精神が私たちの前途を導いてくれるでしょう（蔡鴻哲訳）。

処分対象となった紙上討論

以下の紙上討論は、この2年生最後の紙上討論とノ・ムヒョン演説（05年3月）を読んで生徒達が書いていた意見をまとめ、05年6月、3年生になっていた生徒達と行ったものである。「社会科公民的分野」の日本国憲法に入り、「自由権」学習と関連させて行った。紙上討論授業は日本国憲法に保障された「言論の自由」を教室において実践するものでもあるから。

この最後に付けた私の大統領宛手紙が、頭書に記したように「戒告処分」の対象となり、授業を奪われ、現場外しをされ、「長期研修」を強制される原因となった。東京都教職員研修センターにおける「長期研修」では、このように生徒達に「真実を教えたこと」に対して、都教委が「誹誹謗中傷」と決めつけて「処分」したことを「正当」と私が認めて、私が「反省と改善」をするようにと、約半年間、陰に陽に強要された。私は拒否した。結果、「公務員不適格」として「免職」されることとなった。

〈3年生紙上討論Ⅰ

「ノ・ムヒョン大統領への手紙（『3・1演説』を読んで）」

「『ガンジー』について、『原爆』について、『戦争責任』について」

「『紙上討論』について」〉

旧2年A組

●中国・韓国の反日感情について

①日本はアメリカに原爆を落とされたのに、反アメリカ感情が、あまりないのが不思議でした。それと同じように、中国の反日感情（韓国の人の反日感情は、つい、最近、歴史を学んで知りました）が、なぜ、あそこまですごいのかも不思議でした。でも、歴史を学んでいくうち、アメリカ（GHQ）が、連合国と日本の講和条約の時に、日本に巨額の賠償金を課させないようにしたことなどが、日本人がアメリカを受け入れるのにつながったこと、また、中国・韓国の人たちには、謝りきれないようなことをしてきたことが分かってきました。

そして、歴史の教科書には、中国・韓国の人たちに日本がしたことが軽く触れる程度にしか書かれていないこと、先生が教えてくれなければ、自分で書店に行って本や資料を買わない限り、侵略の内容が分からないことに驚きます。同時に、私は日本政府の人たちは、頭、悪いんじゃないか？　と思いました。なぜなら、本当に賢い人は「真実を、きちんと徹底的に教える」と私は考えるからです。皆さんは、どう思いますか？

②紙上討論をして、本当におもしろかったです。「普天間基地問題」「イラク戦争」「北朝鮮問題」「ガンジー（植民地支配）」「原爆」などについて賛否両論さまざまな意見が出ていて、「あ、こういう考え方もあるんだな」という新しい発見がたくさんありました。ぜひ、３年生になっても、紙上討論をたくさんやってほしいと思います。

●ガンジーは自分の命をかけて、イギリスに非暴力で立ち向かったのでは？

③旧2年A組の人の「ガンジーは、ひどい人だ。なぜなら『ガンジー』に賛成している人たちに『非暴力』とかいって、殴られっぱなしにしていたし……ガンジーは、意地を張ってるだけだ」という意見に。思うことは人それぞれだけど、これは間違っていると思います。確かに、インドの人たちはイギリスの支配者によって「殴られっぱなし」だったかもしれないけれど、それには大きな意味があるのではないでしょうか？　ガンジーは、きっと、暴力では何も解決しないことを、ちゃんと分かっていたのでしょう。そして、これは人間として正しい行動であったと、私は思い

ます。ガンジーは、インドの国民のために自分の命をかけて、非暴力で立ち向かっていったのです。そんな姿を見て、あなたは「意地を張ってるだけ」としか受け取れないのですか？　イギリスの暴力に、インドの人たちが暴力で立ち向かったら、どうなっていたと思いますか？　もう少し、悪いことに対して立ち向かう人間としてあるべき姿を、ちゃんと考えて欲しいです。

被爆者の谷口稜曄《すみてる》さんの九段中生への手紙を読んで、改めて戦争の悲惨さを感じました。たった1発の原爆は、たくさんの人々の命を奪いました。そして、60年たった今もなお、谷口さんのように治療を続けている方もいます。戦争は決してあってはいけません。私が今、できること、それは、この広島・長崎の原爆投下を重く心に受け止め、このような核兵器をなくす環境をつくること、そして、この歴史を、きちんと次の世代に伝えることだと思います。原爆投下から60年が経った今も、何百年たったこの先も、この歴史の事実は変わることはありません。この歴史が再び繰り返されぬように、誰もが人間として生きていけるように、私たちが、これから少しずつ自覚していくことが大切だと思います。

◎先生から

「ガンジー」の非暴力運動について、法政大学の佐貫浩先生が『「自由主義史観」批判と平和教育の方法』という著書（新日本出版社）の中で、まさにあなたと同様の指摘をしていますので、紹介します。

「(ガンジーの場合) 権力や敵対している多数者の暴力が行使されれば、一方的に弾圧され抑圧されてしまう危険性を伴っていた。非暴力というものが持つ高い倫理性、道徳性にかけて、民衆の広範な結集を目指し、また暴力に対する批判を高め、世論を統一していくのだというギリギリの選択として非暴力が選ばれていった」

ついでに、同書の中から、「民主主義」と「暴力」「表現の自由」の関係について紹介しておきます。

「表現の自由は民主主義の大原則である。民主主義は暴力を許さない、そして自分の考えていることが自由に表現でき、その討論を通して合意を形成して行くことができる状況があって、初めて実現される。表現の自由の保障なくして、民主主義は成立しない。

ナチズムが広がっていた時期に、その攻撃にさらされた一番中心にユダヤ人がおかれた。そしてそのユダヤ人に暴力的な攻撃を加えるナチズムの先頭に、ヒットラー・ユーゲント、青年突撃隊があった。その周りには、民族的偏見を持ったドイツの民衆が存在し、その周りにユダヤ人たちとも親交を持っていた地域の住民がいた。しかし次第に突撃隊の暴力が強まり、それに異議を差し挟むと自分たちに攻撃が向かってくるという状況の中で、表現の自由は奪われ、やがてナチズムの民族排外主義、ユダヤ人攻撃を誰も阻止できなくなっていった。この歴史の教訓からしても表現の自由が保障されているかどうかが、民主主義の試金石であるといえる」

④今回の紙上討論では「ガンジー」のこととか、「予言」のこととか、いろいろな意見を読んだけど、どうしても気になることがあります。それは日本の過去の歴史のことです。今の日本の偉

い人たちは、Ｂ組の人が「政府は『ゆとり教育』とか言って教科の授業の時間を減らしたけど、それは見せかけで、社会科で、日本に都合の悪い歴史の事実を教えたくないんだと思う。つまり、他の教科の内容も減らすことで、社会科の内容を減らすことも自然に見せているのではないだろうか？　この『ゆとり教育』は政府の陰謀では？」と言ってるように、社会の教科書の内容も時間も減らしているのが事実だと思う。なんで、真実を子どもたちに教えないのですか？　日本が過去に行ったアジア侵略という悪いことは、まぎれもない真実ですよね？　それを隠してどうなるんですか？　私は歴史は好きだけど、時々「なんで昔のことなんか分かんなくちゃいけないの？『今』生きてるんだから、『今』のことが大事じゃん？」って思ってました。でも、増田先生の授業で、昔、日本がアジアでしたことをビデオで見て、最初は「気持ち悪い。なんで、こんなの見なくちゃいけないの？」って思ってました。けど、日本が過去にやったことをきちんと認めて、私たち子どもに教えてくれることで、少しは、「あんなことはもう二度と起こしてはいけない」と子どもたちが思うようになるのでは？　と思います。その気持ちを持つだけでも大切だと思うので、やっぱり、日本に都合の悪いことでも真実を教えるべきだと、私は思います。

●ノ・ムヒョン大統領の演説を読んで

⑤ノ・ムヒョン大統領へ。私は、今まで、日本の、本当の歴史を知りませんでした。しかし、この１年間、増田先生の授業を受け、本当に、日本がアジアでしたことを知り、初めはショックで

した。しかし、これらの事実は、これからの日本の未来を作ってゆく中学生の責任として、きちんと見つめ合っていかなければいけない問題なのだと思います。

そして、もっと教科書には載っていない本当のことを、きちんと調べ、日本は何をしたのか知った上で反省をし、日韓両国が、1日でも早く本当の和解ができるよう、1人の力だけではどうにもなりませんが、こうした、日本がアジアでしたことの真実を他の人にも伝えていけば、真の和解ができるのではないかと思います。だから、私たち中学生はこれからも、もっと日本の過去の歴史の真実を学んでいきたいと思っています。

⑥C組の「僕は、愛国心がありまくりの人じゃない方がいいだろうと思う。『愛国心なさ過ぎもいけない』と、少しは思うけど、右翼の『愛国者』よりかマシだと思うよ。『国のために死ね』って言われたって、死ねるかっ、ての……」と言う人へ。私も、最後のところに賛成です。「国のために死ぬ」のは右翼の人だけでいいと思う。

⑦ノ・ムヒョン大統領演説を読んで。今の僕たちが生まれる前の話だけど、朝鮮の人々が起こした3・1運動の原因を作ったのは我が日本人だった。自国の人間ではない他国の日本人が、自己の利益のみの目的で勝手に他国を侵略してしまったことを、すごく残念に思う。とても悲しいわが国の歴史の一つである。さらに悲しいことは、日本人が何十年たった今でも、過去の過ちを認めず、「本当の謝罪」をしていないこと。これは一番いさぎ悪く、とても失礼なことだと思う。現在、日本では、日本が朝鮮の人々にした拉致などに比べれば少数の日本人を拉致され、大きな

問題として受止めるのも大切だけど、何十年も前に日本人が、殺したり、精神的に傷を負わせた朝鮮の人たちへのざんげを今一番必要としていて、日韓両国の関係、「真の和解」を回復することが大切だと思う。隠し事はよくないと思う。

⑧ノ・ムヒョン大統領演説を読んで。「拉致問題による日本国民の怒りを十分に理解しています」とあったけど、やっぱり、まだ拉致されて帰ってこれない日本人がいるのだから、その人たちが帰ってこないと、「真の和解」はできないような気がする。日本も昔に、朝鮮の人々にひどいことをしていたみたいだけど、今、苦しんでいる日本人だっているわけだから、その人たちが帰ってこそ、「お互いさま」だと言えるのではないか（日本にいるから、そう思うのかも）。

⑨戦争責任について、A組の人は「日本の国民に問題がある、と思う」と言ってたけど、そんなに簡単に天皇の言うことに、国民が逆らうことができていたら、戦争は起きなかったと思う。

⑩今回の紙上討論は、とても考えさせられる問題ばかりでした。戦争責任は「昭和天皇に」「国のリーダーに」……ウーン……確かにそうかもしれない。だって、天皇が「イヤだな、戦争は」って言ってたら、戦争は止められたかも、だし……けど、天皇に「戦争しましょう」とそそのかしたのは、おエライさんたち……ウーン、何とも言えない。

でも、分かることは一つある。それは「国民には全く罪がない」ってこと。だってそうでしょ？「『アジアの国々のために』ってことで戦争した」って信じ込んでいたわけだし。それに当時の法律の治安維持法で「戦争なんてやめよう！」って言ったら殺されちゃったわけでしょ？　今から考えれば『戦争を良いことだ』と考えるなんて、オカシイ」って思えるようなことが、その当時は「オカシイ」って思ってないんでしょ？　というより、思えなかったわけだし。ね？

旧2年B組

●ノ・ムヒョン大統領へ

①ノ・ムヒョン大統領へ。日本は、過去に、本当に申し訳ないことをしてしまったと思います。こういった歴史を繰り返さないために、ぼくらの世代が、よく歴史を学び、後世に伝えていくべきだと思います。竹島（独島）の問題もありますが、仲良くしてほしいです。

紙上討論について。僕は小林よしのり氏の『ゴーマニズム……』とかいう漫画を読んだことがあります。僕は、そこに書かれていることをすべて信じ、「南京大虐殺は中国人が作ったデマだ」と思ってました。しかし、増田先生の授業や紙上討論での説明で「虐殺があった事実に変わりはないのだ」と分かりました。「一つのこと」なのに、まったく逆の意見が出るのは面白いな、と思いました。二つの相反する意見から、自分なりの意見を出すのが大事だ、と思いました。

②高校の先生の「ドイツは子どもたちに、きちんと過去を教えている」という紹介を読んで。ドイツは立派な国だと思った。自分たちの過去の過ちを、ちゃんと反省していて。日本は悪いところ、隠しまくり……そんなのでいいのか⁉

ノ・ムヒョン大統領へ。あなたの国はすばらしい！　国民の人に、昔の話を熱く語ることができるなんて。

③ノ・ムヒョン大統領へ。あなたの演説は、本当にすばらしかったです。私たち日本人は生まれながらの環境なのか、「苦い記憶」を消そうとする傾向があります。なので、その「傾向」も絶対に直さなければならない事実だ、と思います。

④ノ・ムヒョン大統領演説を読んで。私は「手紙」というと書きにくいので、素直な感想を書きます。とにかく、この演説を読んで分かったことは、韓国の人は、ただ反日感情を持っているだけではない、ということです。演説の中に「私は拉致問題による国民の怒りを十分に理解していますす」という文がありました。これを読んだ瞬間、なんだか、韓国国民の抑えた怒りを無視しているような感じの日本が恥ずかしく思えてきました。日本はなぜ、素直に過去の悪いことを認めて反省することができないのか分かりません。

戦争責任について。B組の人の「残酷な過去を残した国の人間としてのプライドが持てるか？……僕は持てない。こんなに非道く、信じられないようなことをしてきたからだ。だけど、何とかしてプライドを保ち、過去のことを忘れないで生きていけば、過去を清算することができるだろう、と僕は思う」という人の意見に賛成です。日本によるアジア侵略は、とても残酷なことをしてしまったのだったけれど、これは過去のことです。でも「過去のことなんだから忘れろ」と言うつもりはありません。私は、大切なのは、「この後どうするか」だと思います。過去の事実は、いくら忘れたくても、日本やアジアの歴史から消えることはありません。だから、今の日本は、これからの時代を生きる私たちに「戦争」ということをしっかり教え、過去の侵略の事実を教えるべきです。そうすれば「戦争」についての理解が深まるだろうし……たぶん、今の日本人は「戦争」の残酷さを十分に理解してない人が多いんだと思います。「原爆記録映画『予言』を、中学生には見せるべきじゃなかった」と言っている人もいるくらいだから。

とにかく、日本の政府が子どもたちに過去から目を背けさせるようにすることは間違っていると思います。

⑤ノ・ムヒョン大統領演説を読んで。ノ・ムヒョン大統領は自分の国と日本を同じくらいに大切に考えているのだと思います。問題が、なんとか良い方向で早く解決することを願っています。

紙上討論について。僕は先生がビデオを見せてくれる授業が大好きです。そして、この紙上討論も大好きです。学年の人の考えを知ることができるからです。

⑥ノ・ムヒョン大統領へ。私は、このあいだ、初めて日本が中国・朝鮮の方々にしてしまったことについてのビデオを見ました。正直、とてもショックでした。激しい虐殺行為に対してはもちろんのこと、日本が、そんなことは忘れたかのように中国・韓国・北朝鮮の方々に平気な顔をしていられることにも、心からの謝罪をしていないことにも……ノ・ムヒョン大統領にわかっていただきたいことは、私と同じ考えを持つ人が、今の日本にはたくさんいる、ということです。ノ・ムヒョン大統領がおっしゃっていたように、日本もドイツのように、心からの反省をする必要があります。そして二度と同じ過ちを繰り返さないためにも隣の国どうし、助け合い、真の平和を

求めていけるようになることを心から願っています。

旧２年Ａ組の人の「ガンジーは、ひどい人だ。なぜなら『ガンジー』に賛成している人たちに『非暴力』とかいって、殴られっぱなしにしていたし……ガンジーは、意地を張ってるだけだ。１人でやってほしい」という意見に。人には、それぞれ違った意見があっていいから、全部を否定するつもりはありません。でも、外国に支配されている自分の国のために必死に行動している人に対して「意地を張っている」なんて言う資格はないと思います。「１人でやってほしい」とも書いてあるけど、たった１人で大勢の武器を持ったイギリスに立ち向かえると思いますか？　おそらく、それでは何も変わらないでしょう。変わらなければ、ずっとインドはイギリスに支配されたままだったのです。ガンジーと一緒に闘った人だって、ガンジーの意見に心から賛成していたから、一緒に「非暴力・不服従」を行ったのだと思います。それだけガンジーは、インドのみんなから愛され、尊敬された人物だったのです。

⑦ノ・ムヒョン大統領演説を読んで。とてもすばらしい演説文だと思いました。特に「真実と誠意を持って、両国の国民間を塞いでいる心の障壁を崩し真の隣人として生まれかわらなければなりません」というところが、グッときました。この演説文を読んで、僕は日本人として、韓国との真の友好関係を深めていきたいと思いました。

⑧前回の紙上討論で「先生から」の中に紹介されていた高校の先生のＨＰに書き込んであった文を読んで、「ドイツは、すごいな」と思いました。日本のように侵略の事実を隠さず、むしろ、

そのことについて細かく教えているなんて、本当にすごいと思います。自分の罪を認めるのは、とても勇気のいることだと思います。日本もドイツのような国になってほしいものです。

最後に、この1年間、紙上討論をして、いろいろな人の意見を聞いたことによって、自分の世界が広がった気がします。紙上討論は、そんなに嫌いじゃありませんでした。そして、毎回、こんなにたくさんプリントを作ってくれた先生、お疲れさまでした。3年生になっても、よろしく、お願いします。

●過去は全部水に流して韓国・中国と仲良くしたら？

⑨ノ・ムヒョン大統領へ。私は増田先生から、戦争のビデオを見せていただくまでは、日本が中国や韓国にどんなことをしてきたのか、全く知りませんでした。だから、「南京大虐殺」や「第2次世界大戦」などのビデオを見て、正直、とてもショックでした。まさか、日本が、こんなことをしてきたなんて、思いもしなかったからです。

ノ・ムヒョン大統領のおっしゃることも分かります。当然、日本の侵略による植民地支配の傷を負った側は、現在の日本の拉致問題で言われている数に比べると、何十倍も苦しんで生きてきたと思います。しかし、その人たちの気持ちも分かりますが、その過去は、1965年の国交正常化の時に、「経済支援をするかわりに、もう、過去のことは言わない」という条件で支援をした、と新聞に書いてありました。なので、私は、過去は全部水に流して、韓国や中国と日本とが、助け合い、今より、もっと仲良くなってほしいです。

◎先生から

そうですね。ここで、問題の本質を考えやすくするために５人の人物を例にしてみましょう。ここにA、B、CそしてE、Uという５人の人物がいたとします。Aは、Bという腕力の強い隣人から、いわれなき暴力を振るわれ、財産を奪われ、抵抗すればさらなる暴力を振るわれ、心も体もボロボロに傷つきました。そこに、Bよりさらに腕力の強いCが現れてBを暴力で屈服させ、Bは死刑になりました。CはBの子どもに謝罪させました。しかし、CはBの子どもを子分としたために、Aに、そう高い賠償を請求しないように圧力をかけました。Aは、治療のためにも生活のためにも、泣く泣く、それで我慢をしなければなりませんでした。立ち直るためには、どうしても、Bの子どもから、もらうお金が必要だったのです。それから、60年が経ち、Aの身体的傷は癒え、立派に立ち直りました。でもまだ、何かあると、その、表面的には直っているはずの傷がズキズキと痛むことがあります。Bの子どもは、真面目に働いたことと、その後、Aの家や他の家が火事になったことで、その消火や後の復興に必要な品物がどんどん売れるというようなことが重なり、Aよりも、さらに経済的にも豊かです。そしてBの子どもは、自分の家の子どもたちには言っています。「Aには『痛切な謝罪と反省』なんて言っといたけどね、本当はBは、ちっとも悪くなかったんだよ。それどころか、Bが進む路にAがグータラ寝てたから、Aを蹴飛ばして目を覚まさせてやったんだよ。そのおかげでAは、今のようになったんだから、Bは正しいことをしたんだよ」と教えています。そして、Aをボコボコにしていた時代に誇らしく掲げた旗、歌った歌を今も使い、その歌を歌わない人たちはBの子どもから殴られる時があります。そしてBの子どもは、Bを神様とする祭壇を庭に作り、今もそれを拝んでいます。Aが、それに対して「やめてほしい」というと「人の家のことに口を出すなよ」と言います。

ところで、EとUも隣人どうしでした。腕力の強いEはUにいわれなき暴力を振るい、財産を奪い、抵抗すればさらなる暴力を振るい、Uは心も体もボロボロに傷つきました。そこに、Eよりさらに腕力の強いCが現れてEを暴力で屈服させました。Eは自殺しました。そこで、CはEの子どもに謝罪させました。Eの子どもは、Uに心から謝罪し、その家族一人ひとりに賠償金を支払い、Uに、ひざまずいて詫びました。そして、Eがいかに人間として許してはならない罪を犯したか、なぜ、そんな罪を犯すことを止められなかったかについて、その後、何十年も、その子どもたちに教え続け、Eの時代の旗や歌は使わないことにしました。Eを神様として拝もうなんて夢にも考えたことはありません。UはEの子どもたちを心から許し、E家とU家は和解しました。今、彼らは隣同士の境にあった高い壁も取り払い、EU共同の大きな家を建て、仲良く暮らし、共に、より繁栄していこうと協力し合っています。

さてBの子どもは、Aに「過去は全部水に流して、助け合い、今より、もっと仲良くなっていこうよ」とAに言います。Aは、Bの子どもに「本当に、そうですね。過去は全部水に流して、助け合い、今より、もっと仲良くなっていきましょうね」と言うことができるでしょうか？

確かに「１９６５年の国交正常化の時に、『経済支援をするかわりに、もう、過去のことは言わない』という条件で支援をした」のは事実であり、ノ・ムヒョン大統領の３・１演説の中の「法的、政治的関係の進展」という言葉は、そのことを指すと思います。「法的、政治的」には決着はついていることを、もちろん、ノ大統領（韓国政府）も認めているのです。彼は弁護士出身ですから法的問題については誰よりも良く知っています。しかし、ノ大統領は、さらにその先を日本に問い掛けているのではないでしょうか？「法的、政治的進展だけでは両国の未来を保障することはできないでしょう。」と。「もしそうであるならば、やるべきことをすべてやったとは言うことはできません。それ以上の実質的な和解と協力の努力が必要であります」と。

Ｂの子どもは「Ｂの行動は正しかった」と自分の子どもたちには言いながら、Ａには「痛切な謝罪と反省をしています」と言い、Ｂを神様として拝みながら、Ａには「法的決着はついているんだから、過去は全部水に流して、助け合い、今より、もっと仲良くなっていきましょう」と言う時、それを、Ａは「実質的な和解」として受け入れることができるでしょうか？

ノ大統領は演説の結びの部分近くで「日本も、法的問題以前に人類社会の普遍的倫理、そして隣人間の信頼の問題という認識を持って積極的な姿勢を見せるべきであります」と、日本に呼びかけています。日本が、あなたの言うように「『法的問題』は決着がついてるんだよ。過去は全部水に流して、助け合い、今より、もっと仲良くなっていこうよ」という回答を韓国の人々に与えることは正当なことでしょうか？　「日本も……人類社会の普遍的倫理、そして隣人間の信頼の問題という認識を持って積極的な姿勢を見せるべき」だというノ大統領の日本への呼びかけに、誠実に答えていくにはどうしたらいいか、「真の和解」が、一番近い隣国との間に成り立つためにはどうしたらいいか、もっと考えてみませんか？

旧2年C組

●増田先生は左翼の考え方のみ教えているのでは？

①ノ・ムヒョン大統領へ。私は最近まで「なぜ韓国の人々は、こんなに長い時が過ぎても、昔のことを忘れようとしないのだろうか？」とか「なぜ、いまだに反日感情がなくならないのだろうか？」と思っていたのですが、いろいろと歴史を習っていくうちに、昔、日本がどれだけ残酷なことを韓国の人たちにしてきたのかを、少しずつ知り、「あんなことをしてきたのならば、韓国の人々が、まだ昔のことを引きずってきているのもしかたないのかな」と思うようになりました。

ですが、そろそろ和解してほしいです。韓国の人々の心の傷は深いかもしれませんが、現代の日本人が、そういう傷を与えたわけではありませんから、現代の日本人に反日感情を抱き、恨んだりしてもしかたがないと思います。もちろん、今を生きている私たちも、過去のことについて、しっかり考えていきますが、少しでも早く、韓国と日本が「仲の良い国」になれるように願っているので、許してくださると嬉しいのですが……最後に、少し、上の内容と変わってしまいますが、「法的なことだけでは解決」させられないものだとしても、日本の「謝罪のしかた」について、いちいち、ドイツと比べるのは、やめてほしいと思います。

戦争責任について。Ａ組の方へ。「日本の国民に問題がある」と書いていらっしゃいますが、本当にそうでしょうか。「天皇の政治に逆らえば殺される」と知っていた当時の国民の方々が、戦争が嫌だからといって天皇の政治に自分の意見を述べる＝逆らう、なんてことができると、お思いですか？ もちろん、中にはそういったことを命を懸けてなさった方もおられたのでしょうけれど、大半は逆らえなかったはずです。もしも、あなたが、今、その当時の方々と同じ状況下に置かれたのなら、あなたは天皇に逆らえるという自信や根性がおありですか？ 私なら、そんなことできる自信はありません。力ずくで国民を従えていた天皇に、国民が、手を出したところで、どうにもならなかったと私は思います。

一応、補足しておきますが、私は、別に、当時天皇に逆らって戦争に反対した人を批判しているわけではありません。むしろ、その方たちの「心の強さ」を尊敬します。また、天皇に対しては、「悪い」ではなく、「かわいそう」だと思っているのです。なぜなら、最後まで自分のことしか考えられず、心の弱さゆえか、「武力」のみでしか、人々を動かすことができなかったからです。

増田先生へ。先生は、左翼の考え方のみを私たちに教えているように感じられるのですが……。

◎先生から

何を規準にして「左翼」と言い、「右翼」と言うか、まず、この規準をハッキリさせましょうね。日本国憲法は「国民主権（民主主義）」「基本的人権の尊重」「平和主義（戦争に反対すること）」をその根本の3原則としています。そして、その前文にあるように「国政は国民の厳粛な信託によるものであつて、その権威は国民に由来し、その権力は国民の代表者がこれを行使し、その福利は国民がこれを享受する」として「国家（政府・天皇）は国民のためにある」ことを「人類普遍の原理」と言い切っています。また九十七条において、「基本的人権は、人類の多年にわたる自由獲得の努力の成果であって、これらの権利は過去幾多の試練に耐え」たものであるとも言い切っています。それから世界人権宣言は、その第一条において「全ての人は生まれながらに自由であって、その尊厳と権利については平等である。人間は道理をわきまえる才（理性）と良心をもっており、たがいに同胞の精神を持って行動しなければならない」としています。日本国憲法の精神・原則と世界人権宣言の精神・原則は同じであり、公平・公正な判断力＝理性を持っている人間であれば、この「考え方」になっていくだろうと私は考えます。

一方、「天皇主権（反民主主義）」「基本的人権なし」「神聖天皇が命ずる戦争は聖戦」「国民は国家（政府・天皇）のためにある」「日本は昔からずっと天皇を中心とした神の国で、だから日本人は他民族より優れているのだ」という「考え方」を根本原則とする大日本帝国憲法は、日本国憲法とは正反対の「考え方＝思想」に立ちます。したがって大日本帝国憲法を規準とする人にとって、日本国憲法の３原則「人類普遍の原理」「過去幾多の試練に堪え」た「世界人権宣言」と根本原則を同じくする人権思想と「国家は国民ひとりひとりのためにある」という「考え方」は「左翼」ということになるのでしょう。そして、この、日本国憲法３原則「人類普遍の原理」「過去幾多の試練に堪え」た、「世界人権宣言」と同じ人権思想に忠実な「考え方」＝思想を基準にすれば、「国民ひとりひとりは国家のためにある」ということを根本原則とする大日本帝国憲法の考え方＝思想に立つ人は「右翼」ということになるのでしょう。彼らは帝国憲法下で日本がおこなった侵略戦争の事実を否定する人たちであることも特徴です。帝国憲法下で神聖天皇が命令する戦争はすべて「聖戦（正しい戦争）」だったのですから。

ところで、日本国憲法下では「天皇以下、全ての公務員」は日本国憲法第九十九条により、「憲法尊重擁護義務」を負っています。その上に、公立学校の教員＝教育公務員は、教育の憲法と言われる教育基本法によって、「この（憲法の）理想の実現は根本において、教育の力にまつべきものである」と規定されていますから、先生たちは日本国憲法の思想＝考え方（「３原則」「人類普遍の原理」民主主義）を徹底して子どもたちに教える義務を負っています。したがって、日本国憲法を規準とする「考え方」を「左翼」と言うなら、全ての学校の先生は、徹底して「左翼」であることを日本国憲法と教育基本法によって義務づけられているわけで、あなたが「先生は左翼の考え方のみを教えているように感じられる」としたら、私は「日本国憲法下、教育基本法下にある先生の責務」をしっかり果たしている、と自信を持っていいようです。もっとも、時間がありさえすれば「右翼の考え方」も、もっともっとたくさん教えることができるのですが、なにしろ時間がなくて、それが、とっても残念です。

②ノ・ムヒョン大統領様。私は社会科の時間、増田都子先生の授業で教えられなければ知るはずのない、日本が韓国や中国に行ってきた過ちのことをビデオで学びました。最初、歴史の教科書を見たときは、日本がアジアでしてきたことは、ほんの少ししか書いてなかったので、教えてもらった時は驚きました。そして、改めて日本が韓国で犯してきた過ちのことを考えると、本当に韓国の人々に申し訳ないことしてたんだなぁ、と思いました。まだ、日本と韓国の間に「うめられない溝」があるのだったら、私たち若い人の手で、韓国の人々に心から謝罪して、それをうめる努力をしたいです。

●韓国大統領が、小泉首相の靖国参拝に文句をつけるのは内政干渉では?

③ノ・ムヒョン韓国大統領殿。私は、１００年前から60年前に日本が朝鮮に対して行ってきたことは、許される内容ではないと考えます。しかし、１９５０年の朝鮮戦争で我が日本国経済は復活し高度経済成長と呼ばれる時代を迎え、今日に至り、１９６５年の日韓基本条約後、日本の企業、日本の工場が貴国に与えた経済効果は、とても大きいものとなっているのではないでしょうか。私は、それにより貴国の経済的成長はあったのではないかと考えます。それを考えると、我が日本の過去の犯罪についてあげつらうことを、貴国はもう少し自重していくべきではないで

しょうか？　もし、こうした両国の経済的つながりを切ることになれば、貴国の損失は、我が国をはるかにしのぐものとなるのは間違いないでしょう。そのように考えていった場合、ここらへんで、すべてを清算することが、両国にとって経済的に一番いいのではないでしょうか？

しかし、私は、ここまで書いてきましたが、決して日本国のやっていることが全て正しい、と考えているわけではありません。教科書に「侵略・植民地支配」のことを正しく書くべきだという貴国の望むやり方での解決も必要だとは思います。ただ、すぐに解決する問題ではないので、具体的に言えば「竹島（独島）」問題など、貴国も少し自重すべきではないかと思っているのです。

また、少し話が変わってしまいますが、靖国神社に我が国総理大臣が参拝することに貴国が反対するのは間違っているのではないでしょうか？　小泉内閣総理大臣は総理大臣＝日本国民の代表として我が国の英霊に会いに行っているわけなので、貴国に「やめろ」と言われるのは内政干渉であって、言われる筋合いはないと私は考えております。

◎先生から

「靖国神社」への首相（日本国民代表＝日本国家代表）参拝の問題は、中国・韓国（台湾）その他アジア諸国との外交問題であると同時に、最高法規である日本国憲法第二十条（信教の自由）第３項「国及びその機関は、宗教教育その他いかなる宗教的活動もしてはならない」についての問題なので、日本国内では「小泉首相、靖国神社参拝、違憲」訴訟が何件か起こされており、司

法判断も分かれています。以下、インターネットで検索した資料を載せておきます。野中広務氏は自民党の政治家です。（略）

④ノ・ムヒョン大統領演説を読んで。韓国の方々は、昔、日本の支配下に置かれ辛い思いをしたというのに、決して誇りを捨てず、今でも日本との関係をしっかり修繕しようとしています。これは、とてもすばらしいことだと思います。これに比べ、日本には、いまだに政府に右翼的で軍国主義に近いものを掲げ、「日本は良い戦争をした」と事実を隠し、間違ったことを僕たち子どもに教えようとしている人がいる、と先生に教わりました。これは、韓国の方々が、大統領をはじめ、必死に日本との関係を直そうとしているのに、とても失礼なことだと思いました。

今、日本では「韓流ブーム」と言って、韓国のドラマが人気を集め、莫大な経済効果を与えていると聞きます。こういうことから広げていって、韓国と日本が仲良くなり、いつまでも親友でいられるようになればいいな、と思います。

⑤前回の紙上討論の旧2年C組の人へ。サッカー・アジア杯の中国の日本ティームに対するブーイングのことで「スポーツに政治的なことを持ち込むなんて……」と言っていましたが、中国では「スポーツは政治の延長」と考えていると聞きました。なので、サッカーなどでも、政治的なブーイングをするのも普通なんだと思います。

⑥ノ・ムヒョン大統領へ。日本人の全員が悪いんじゃないんです。問題なのは政治家なのです。僕は日本人の1人として大統領の意見に賛成で、おっしゃるようにすべきだと思います。

ノ・ムヒョン大統領への手紙

この「ノ・ムヒョン大統領へ手紙を書こう！」として感想意見を書かせた時、生徒から質問された。

「先生、本当にノ・ムヒョン大統領に、俺達が書いた手紙を送るんですか？」

私は、生徒達が真剣に書いた手紙は、その名宛人に送るべきだと思った。

「送ります。でも、ハングルに訳していただけるかどうかは分からないし、お忙しいだろうから、読んでいただけるかどうかも分からないし、返事は来ないと思うけど、韓国のどなたかでも、東京の中学生達が真剣に考えたことを知ってもらえたらいいよね」と生徒達に約束した。

そこで、インターネットで韓国領事館の住所を見つけたので、生徒達の大統領宛の手紙部分だけを印刷して送ることにした。

しかし、いきなり、生徒達の手紙だけを送っても、いぶかしがられるだろうと思ったので、書かせた経緯や、扶桑社歴史偽造教科書を採択して恥じない東京都教育委員会の現状、都議会の右翼議員の現状などを説明した私の手紙を入れた。もちろん、返事は来なかったが、上記の紙上討論授業の時、「増田先生は、大統領にこんな手紙を書きましたよ」と読み上げたものである。

〈ノ・ムヒョン大統領様〉

東京都千代田区立九段中学校教諭

増田都子

私は、上記の中学校で社会科（地理・歴史・政治・経済）を教えている教員です。4月からは3年生（15歳）の生徒を教えていますが、3月半ば、この生徒たちが2年生の時に近現代史、第1次世界大戦から第2次世界大戦における植民地支配と侵略戦争の時代を教えました。貴国においても知られているとは思いますが、現在の日本の教育においては、近現代史に多くの時間を割くことはできず、植民地支配と侵略戦争に対する教科書の記述も非常に曖昧なものが多くなっています。ご存知の通り、民族差別・女性差別・人権蹂躙の極致とも言うべき日本軍性奴隷（いわゆる「従軍慰安婦」）についても、2年前の歴史教科書にはありましたが、現在の生徒達の歴史教科書からは消えている事実があります。しかし、私は、できる限り事実を呈示する努力をし、生徒達に考える時間を与えてきたつもりでおります。

私は、貴大統領が本年3月1日に行われた演説に大きな感銘を受けました。それで、同封の「紙上討論V」のNO15～16に載せました貴大統領の「3・1演説」を読ませ、生徒たちに「ノ・ムヒョン大統領への手紙」、あるいは「ノ・ムヒョン大統領の3・1演説を読んで」というテーマを与えて、意見をまとめさせました。時間不足のため、考えを深めていくことがまだまだできず、貴国の方々の感情を害してしまいそうな意見もあるやに思われますが、率直な、現代の日本の中学生の意見として送らせていただくことにしました。貴大統領には、とても御多忙で、お目を通していただくわけにはいかないだろうとは思いますが……。

さて、私は一昨年の夏に初めて貴国に観光旅行に行きました。日本と貴国の間に横たわる過去の不幸な関係を思い、少し後ろめたい思いがあり、なかなか思い切れなかったのですが、行って良かったと思いました。

人々が皆親切で暖かく接してくださったからです。生えている草花も、日本海側にある私の故郷のものとほとんど同じで、何となしに懐かしさや既視感を覚え、私の遠い御先祖は貴半島から渡来した人々かもしれないと思いました。

それで、また、本年の3月28日から31日まで、貴国に行ってきました。独立記念館の見学と38度線のＪＳＡ・板門店の見学が目的でした。実は独島（竹島）問題があるため、日本人とわかって敵意を剥き出しにされたらどうしようか、と心配もしたのですが、それは全くの杞憂で、貴国の方々は、やっぱり、どこでもとても親切で、安心致しました。

独立記念館の見学では、やはり、いろいろ考えさせられました。特に第3展示館は、その名もズバリ「日帝侵略館」です。「古代から我が国の文化を伝授してきた日本は、19世紀中頃から西欧の文物を取り入れて帝国主義化しながら武力を先立たせ我が国を侵略した……この展示館では、日帝の韓国侵略過程と植民地統治期間中、我が民族に加えた過酷な弾圧と各種の過酷な経済収奪、そして民族を根こそぎ無くそうとした民族抹殺の悪巧みと、それに関連する資料が展示されている」。……日本人としては見学しながら心が痛くなりますが、しかし、韓国を訪れる日本人は、全て、一度はここに来るべきだと思います。

情けないことではありますが、04年10月26日の我が東京都議会文教委員会において、古賀俊昭という都議会議員（自民党）は言っています。「(我が国の）侵略戦争云々というのは、私は、全く当たらないと思います。じゃ、日本は一体どこを、いつ侵略したのかという、どこを、いつ、どの国を侵略したかということを具体的に一度聞いてみたいというふうに思います（カッコ内は増田)」（文教委員会議事録)。などと、国際的には恥を晒すことでしかない歴史認識を得々として嬉々として披露しているのが我が日本国の首都の議会なのです。横山洋吉教育長以下、東京都教育委員会は、これに対し何の反論もしませんでした。というより、大いに共鳴しているのでしょう。侵略の正当化教科書として歴史偽造で有名な扶桑社の歴史教科書を「生徒達に我が国に対する愛国心を持たせる一番良い教科書」などと公言して恥じない人達ですから。古賀都議その他の歴史偽造主義者達が「日本は一体どこを、いつ侵略したのかという、どこを、いつ、どの国を侵略したかということを具体的に一度聞いてみたい」なら、「一度」韓国独立記念館や南京大虐殺記念館に行ってみたらいいのです。「具体」例が、「聞いて」みるまでもなく眼前に展開しています。「歴史を反省しない国」と他国の人から言われることは屈辱ではありますが、残念ながら「そんなことはありません」と言い切れぬ現実があり……。

「拷問体験の場」「日帝による愛国志士の拷問場面」など本当にリアルで、貴国の先生に引率されて見学していた小学生の一団は顔をしかめ、おびえていました。こうした「日帝による侵略」の歴史事実について学習して成長したアジアの人達と、中学生時代に扶桑社の歴史偽造教科書で育った「愛国心ある」日本人達とが、本当に「グローバル社会」「国際化社会」の中で、共により良い未来を創っていけるものなのか、共に有意義な交際ができていくようになるものなのか、常識で分かりそうなものなのですけど……（中略）。

以上、貴大統領には、ご健康にすごされ、今後ますますご活躍されますよう、お祈り致します。日本の国民(生徒達も含めまして）は、いろいろ意見が違いましても、両国の間に「真の和解」が成し遂げられ「共に発展的な未来」を築いていける日が早く訪れることを心から願う点では一致していると思います。私は日本人なのですが、右翼的な考え方の日本人から「反日偏向教師」などと攻撃されたりしています。しかし、いかに自国には都合の悪いことであっても、歴史事実を、しっかりと子ども達に教えるというのは教師の当り前の責務ですから、怯むつもりはありません。一教員にすぎない私ですが、歴史事実を生徒達にきちんと教える中で、貴国の方々と「共に発展的な未来」を築いていけるよう、微力ながらも努力していきたいと考えております。

２００５年4月19日

皇国史観の保護者が都教委に密告

以上の紙上討論授業は、05年6月30日から7月5日にかけて実施したものであるが、ここで、処分に至る経緯を詳しく説明しよう。

都教委による05年7月25日付の千代田区教委への照会文によれば、この紙上討論プリントを見た九段中の1人の保護者から、7月上旬に都教委宛に質問の手紙が届いたようである。8月30日付の読売新聞記事の、なんともイヤラシイ書き方によると、「今夏、保護者から学校への通報で発覚」したんだとか。7月11日には、千代田区教委の職員が九段中に来校して、校長に事実関係を調査するように指示していたようであるが、私は知らなかった。

私は7月14日に、校長と副校長(注)から校長室に呼ばれて言われただけであった。「お忙しいところ、すみません。実は、3年の中泉の父親が、こないだから、なんか、言ってたことなんですが、なんだかよく分からないでいたら、今日、こんな手紙を持ってきたんですよ」と。
そこで、7月15日、保護者の中泉と私、校長の話し合いが持たれた。内容は、以下の「3学年の先生方へ」の報告書を見ればお分かりのように、中泉の幾つかの誤解を解き、穏やかに終わり、さらに話し合っていくことを約束した。その日は、校長が間に立って、後で「8月16日」に行うということに決定していた。
注　東京都は「教育委員会規則」の改定により、05年4月から「教頭」を「副校長」と変更した。学校教育法には「教頭」とあり、「副校長」という職名はない。

3学年の先生方へ

〈「7月15日（金）の中泉・父との話し合い」についての報告〉

増田

中泉・父との校長室における話し合いは、もちろん、和やかに終わりました。誤解している部分が多かった（生徒の意見を「増田先生の意見」と、とるなど）ところは、誤解を解きました。中泉さんの治安維持法について理解の不十分さ（要するに「裁判では1人も死刑になってないから『治安維持法のせいで、国民は殺されるのがイヤで戦争に反対できなかった』と教えるのはおかしい」という彼の主張を、事実を挙げて論破）も、彼は認めざるを得ませんでした。「従軍慰安婦」については国連人権委員会の「軍隊性奴隷」という用語についても説明しました。彼は「クマラスワミ報告は、吉田清治（『済州島で従軍慰安婦狩りをした』と証言する本を書いたけど、事実と確認できなかったために『つくる会』論者の、『従軍慰安婦』否定の根拠となった）の事実に反する論議を取り上げている」などと言っていましたが、ちゃんと読んではいないことは歴然でした。

「日本兵と一緒になって幸せになった慰安婦もいた」とか、「いい思いをした慰安婦もいた」とか、実に情けない、被害者の立場に立ってみる、ということの絶対にできない人でした。「日本の立場を教えてほしい」というのですけど……明治憲法における「外見的立憲制」という言葉を教えてあげたのですが「初耳!?」だそうで……とにかく彼は「国旗、国歌を侮辱してほしくない。天皇批判はしてほしくない」というのです。「ここは『お上』という言葉を使う家もあるんですからねえ。地域性を尊重してほしいんですよ。どうして小泉首相が靖国神社に参拝するのか、きちんと教えていないじゃないですか」。

分かったことは、なんと、55歳のこの方、今時、平泉澄《きよし》（戦前の東大教授で超国家主義のゴリゴリ皇国史観論者、文科省・社会科教科書検定官は、この弟子スジが多いと言われている）の流れを汲む学習会を今でも毎月1回、私学会館で開いているんだそうで……で、「○社」という出版社を経営しており、出している本は「詔」という本!? 思うに、平泉関係の本（靖国関係の？）とか印刷の注文を細々と、でも確実に（この需要は固定客で注文が絶えることはなさそう）受けて、それが生活の糧じゃないか、と見ました。

最後に、「とにかく、皇室関係と国旗・国歌には配慮していただけますね」というから「今までも配慮してきていますから、これからも、もちろん配慮しますよ」と答えました。でもねえ、「基本的人権」を教えるのに「天皇制＝君が代強制＝現代における『精神の自由』権侵害、靖国神社問題＝侵略戦争認識問題」は、「現代社会の、今、ここにある問題」なんですから、紙上討論では、ずっと登場します。中泉息子君の方は、記憶力が強い人ではないようですので「増田先生がこう言った、ああ言った」ということを逐一父親に告げるとは思えないんですけど、これからもずっと、この父ちゃん、息子の公民資料プリントは必ず出させて、これ以上ない熱心さで点検しますね……やっぱり「配慮」は絶対に必要だけど、でも、戦前の帝国憲法時代ならいざ知らず、民主主義の日本国憲法下で「奴隷の言葉」で語るのはイヤだし……。

この方が一番腹がたったのは、日本・朝鮮・アメリカ・フランス・ドイツをA、B、C、E、Uの5人に例えた話とか……。「なんで、ケンカの話に神聖なる国旗・国歌を出さなくちゃいけないんですか？」ってわけ。「でも、国際社会における日本とドイツは、『比べてほしくない』と言ったって、されてしまいますからね。『反省』って言いながら、侵略戦争を正当化した教科書（中泉・父によれば『つくる会』教科書も、まだまだ不十分で、不満!?　とか）を使わせ、A級戦犯を神とするところに国家代表がお参りしては、行動が『反省』を裏切っていると見られるんじゃないでしょうか」「『A級戦犯』とか教えてほしくないんです。大切な家族関係が壊れてしまうことになっては……」「中泉さん、子どもは白紙じゃありませんよ。学校で教えられること、お父さんに教えられること、自分で考えますから、大丈夫ですよ」。

「昭和天皇を『独裁者』みたいに間違って捉えている生徒は問題ですよ」「そうですね。それは事実じゃないですね」と答えましたが、ここをきちんと教えると「昭和天皇は侵略戦争の最高責任者でありながら、それを東条たちA級戦犯に押し付けて、いっさい罪を免れた人物である」という事実も教えなくちゃならなくなるんですよね……。

驚いたのは、小林陽太郎・富士ゼロックス社長（「新日中友好21世紀委員会」座長で、小泉靖国参拝を批判）宅に「右翼から銃弾が送りつけられた」というインターネットに出ていた記事を載せたのに対して「こんなの、たいしたことないじゃないですか。何で載せるんですか」と、のたまわれたこと。「暴力で言論を封じるのは民主主義社会では大問題ではありませんか？『こんなこと言ったら、ひどい目に遭うんじゃないか』と考えていては自由にものが言えなくなりますよ」と言ったんですが……確かに石原慎太郎が、田中外務審議官宅に爆弾が仕掛けられていたのを「あったりめーだ」なんて言うのに深く同調する心情ですね。

校長先生が「これからも話し合っていきましょう」ということで、お開きにしましたけど、何しろ、今時「万世一系の皇国史観」だなんて、これはもう、信仰であり、宗教であって「事実なんかどうでもいい」わけですので……でも、もちろん、私は「話し合うこと」を忌避したりはいたしません。彼、「草の根」右翼の方々のネットワークをお持ちのようで、そこを校長先生は心配していらっしゃいます。でも、私は、これからも、「事実」をしっかり教えていくだけですが、昔々から「真理は権力の敵」ですから、さて、今後の展開や如何に？

校長・副校長の公務を妨害した千代田区教委

このように、きちんと中泉という保護者との話し合いを持っていたことが、実は、千代田区教委には気に入らなかったらしく、校長に「増田と中泉を話し合わせるな」などと指示していたそうだ。教育者として学校の教育活動に責任を持つ九段中の校長は、教育行政による、こんな信じがたい干渉はおかしいと、良識的に判断し、上記のような話し合いの場を設定し、継続していくことを約束していたのである。

ところが、都教委は、何とか「指導要領違反」で私を処分し、「紙上討論」授業をつぶすことだけを考えていたようである。

8月3日、午後1時、赤井・千代田区教育指導課長が指導主事1名とともに来校した。副校長が、立ち会った。校長は自然教室引率で軽井沢にいて、帰校予定は4日だった。実はその前々日、自然教室に行っていて職員打ち合わせの最中の校長に、赤井課長は夜の10時30分ごろ、電話し、校長が「打ち合わせ中だから後にしてください」と言うのに、答えることを強要したり、その翌日は、飯ごう炊さんで生徒とともに火を使っている最中の校長に電話したり、教育活動の妨害行為をして平気だった。とにかく都教委に忠誠を見せなければならなかったのだろう。

副校長は、2日の午後から4日間の予定での宮崎出張（つまり5日まで。「全国教頭会」という重要な公務）に出かけていたのに、なぜか、3日のお昼には大汗かいて、もう出張から学校に帰ってきていた。前日は、羽田空港の管制が混乱した日であるから、たぶん夕方到着したのに、赤井課長から電話で帰校を強要されたのであろう。事務主事さんの精算が大変だったようだ。しかし、九段中学校の校長・副校長の重要な教育活動、公務を妨害しようがどうしようが、何よりも、増田の処分が千代田区教委・都教委には優先したのである。

都教委の下僕・千代田区教委指導課長

この時、赤井課長は前記7月25日付の都教委からの「照会」なる文書に対し、「8月5日(金)までに『都教委からの照会』文への回答を出せ」と言った。3日の午後に突然、やって来て……。これだけのものを真面目にやれば（そんな気は、もちろん、なかったけど)、1日で完成することなんぞ、有り得ない、ってことは「常識的判断力」の持ち主なら自明だろう、と思われるが……。

「そうですね、来週からは夏休みとったりしますから、まぁ、今月いっぱいには、出せるところは出しますよ」ということにした。それはともかく、この「照会事項」を見ると、「亡霊の正体」は、例の「今時の、平泉澄の亡霊」オヤジだ！　と歴然だった。「都民より送付されたNO1からNO11までの資料」と明記してあった。要するに彼が「3年生紙上討論1」を、都教委にファックスだか郵送だかしたのである。ちゃんと、私（および校長）に直接、「説明してほしい」と言ってきたので、その点は評価したのだけど、全く歯が立たなかったので「都教委に言いつけてやるからー」だったのかな？

それにしても上から下まで「腐っている都教委」の言い草の気持ち悪さ……。特に照会事項の「2（2）生徒の意見を材料として掲載し配布することについての生徒、保護者からの了解の有無。有の場合は、了解を得た年月日とその方法」には笑うっきゃない。授業で意見発表しあうのに、いちいち「生徒、保護者からの了解」をとっている教員が、全国百万教員の中に1人でもいる、って言うんなら、新聞記事もの。

「当該教諭の手紙に生徒の意見を添付して韓国大統領に送付した事実」にも（笑）。ノ大統領演説に対する「生徒の意見」感想を送る必要から、いきなりそれだけ送るわけにいかないので「当該教諭」たる私の「手紙」を添付したわけだが……。

ビデオについては教えてあげた。何も隠すことはないから。

「『加害』の記録として『語られなかった戦争　侵略ＰＡＲＴⅠ』を、『被害』の記録として『原爆記録映画　予言』、羽仁進監督が編集したものです。植民地支配の問題として、有名な映画『ガンジー』、これは長いですから一部ですけど。いずれも市販されているものです。私は、この3本については足立十二中の時から教材として、ずーっと使っていますよ。だから、もう、15〜6年、このビデオを使った授業をしてますね。ずっと、この形式で授業を行ってきましたから、それは、都教委も、良くご存知のはず」

赤井課長が「お出しいただけませんか」と言うので、「全て私の私物ですから。これぐらいお買い求めになったらいかがか、と。指導部がこれを知らないとしたら無知の極みです」と言うと、あれま!?　課長さん、こう言う。「校長先生が『職務命令』を出されてもですか？」。出た、出た、奥の手が……。ハハン、読めましたね！　九段中にいない「九段中校長の『職務命令書』」を渡されたけれど、そうすると、これは結局のところ、赤井課長作「校長の職務命令書」だった！

校長に強要して「事故報告書」

翌日8月4日、よほど、都教委の圧力がきついらしく、学校に来る予定でなかった校長が区教委指導課に呼び出された。そして、私に「明日5日、また区教委の『事情聴取』があるかもしれない、と伝えるように、と言われました」と午後2時ごろ伝えられた。来週、私は夏休みをとっているのに、「時季変更権を行使しろ」とまで指導課長は言ったとか！　これは、もう、労働基準法違反？

とにかく、都教委は、なりふり構わなくなっていた。明日のうちに「事情聴取」を終えて、何とか今月中に「処分」しようと、もう破れかぶれであった。照会文からすると、たぶん『3年生紙上討論1』で、ノ・ムヒョン大統領宛に生徒に手紙を書かせ、保護者の承諾もなく送って、保護者から不信感をもたれ（これって右翼保護者1名のみ）、信用失墜行為をした」ってところに処分理由を持っていきそうか、と考えた。現在の都教委は、天下周知の恥知らずな無法者群団だから、それぐらい、やりそうだな、と……。

あとで校長から聞いたところでは、この日、赤井課長から強要され、私を処分するのに必要な「事故報告書」を5回の書き直しの末に提出させられたそうである。最初と最後だけ紹介しよう。

校長さんの苦渋がにじみ出ている。

「17千九中発　第69号
平成17年8月4日
千代田区教育委員会教育長　様

千代田区立九段中学校校長○○○○

本校教員の服務事故

このことについて、服務事故の可能性があるので下記のとおり報告致します。

記

(1～6略)

7　千代田区立九段中学校長としての見解

教材使用の適正に努めることと個人情報の適正な取り扱いについては、従前から全教職員に対して日常的に繰り返し指導をしてきた。

増田教諭が、多数の生徒の意見や他からの引用が記載された教材に、私見を書いた手紙を添えて外部に送付したことには著作権上の問題が発生する可能性がある。また、同資料の表現の一部には、特定個人や団体名が記載されている。引用されている資料も含め、客観的に内容と分量に偏りがないかどうか、その表現の仕方及び授業で使用されるのが妥当であるかどうかは問題とされる可能性がある。なお、本件についてはすべて同区教育委員会の指示を受けながら、対応を行っている」

通常の場合、校長が書く「服務事故報告書」には、「服務事故の可能性があるので」などとは書かず「服務事故」と断定して書くものである。最後の見解にも「可能性がある」としか書かず、「本件についてはすべて同区教育委員会の指示を受けながら、対応を行っている」と、全て「区教育委員会の指示」により強要されて書いていることを示唆している。

産経新聞の著作権法違反

8月5日の産経新聞朝刊には、著作権法に違反して「紙上討論プリント」の内容が私に無断で引用掲載された。「戦後60年　歴史の自縛」というシリーズ第4回「生き続けるGHQ宣伝計画」「ひどくて、ひきょうな国」の「GHQが実施した宣伝計画『ウォー・ギルト・インフォメーション・プログラム』は今も形を変えて教育現場に生き続けている」という前書き（要約）のあと、次のように言う。

「東京・九段北の靖国神社にほど近いところにある千代田区立中学では、女性教員が指導し、『紙上討論』と称する授業を行っている。3年生の授業では、さきの大戦について日本に謝罪と賠償を求めた韓国の大統領、盧武鉉の演説や、原爆、戦争責任などを取り上げ、感想を書かせた。

生徒たちは、教員の指導と助言を受けて書いた感想文に（以下、4人の感想のごく一部を掲載）『旧2Aの1・6・7番、2Cの1番』などと記している。教員自身は『大統領への手紙』という形式で『民族差別・女性差別・人権蹂躙の極致とも言うべき日本軍性奴隷、いわゆる［従軍慰安婦］についても、（中略）私は、できる限り事実を呈示する努力をし、生徒達に考える時間を与えてきたつもりだ』とつづっている」

このあと、都下瑞穂町の公立中学の社会科教員の例と、墨田区の中学1年の学習到達度調査テストの実例を紹介し、江藤淳を持ち出し、「『いったんこの（GHQの）検閲と宣伝計画の構造が、日本の言論機関と教育体制に定着され、維持されるようになれば、（中略）日本人のアイデンティティと歴史への信頼は、いつまでも内部崩壊を続け、また同時にいつ何時でも国際的検閲の脅威に曝され得る』。6年前に自死した江藤の『予言』は不幸にも現実のものとなろうとしている」と主張する。

生徒の作文の無断引用など明白な著作権法違反だが、産経は、どこから私の紙上討論プリントを手に入れたのだろうか？

新聞記者から「処分」の通知

さて、区教委による「事情聴取」とやらに、8月5日午後4時から行ってあげた。伊沢けい子都議（市民の党・三鷹市選出）の立ち会いと、テープ録音を認めさせて応じた。赤井課長の口ぶりから、処分できるとしたら、「ただ一つ」しかないこと、都議・古賀の名前を挙げたことで「誹謗中傷」とするのだろう、と判明した。どうあがいても「学習指導要領違反」にはできなかったモヨウである。

8月16日、都教委から呼び出しがあったが、生徒指導の予定だったから、もちろん教育活動優先で欠席した。この日は中泉との2回目の話し合いの日だったのに、校長は都教委の呼び出しで出かけたため、中止を余儀なくされた。8月17日には、都教委から再度数材についての「照会」が出ていた。期限は「8月30日」となっている。8月29日に、校長から「照会」の文書を示される。「そうですねえ。9月の初めくらいには出せるでしょう」と答え、了承される。そして校長から、「明日、都教委からの呼び出しがありますが、内容は何も言われていません」と告げられたので、「拒否します」と答えた。何のための「呼び出し」なのか、理由は一切言われていないのに、どうして行かなければいけないのか？

8月30日、都教委指定の9時15分に間に合うように、学校で組まれていた職員会議の予定を変えて、校長だけが都庁におもむく。9時30分ごろ、教科部会中に副校長から「校長先生から電話です」と呼ばれた。電話に出ると「本当に『来ないか』確認して欲しいと人事部の方が言われるので」と校長。「もちろん『拒否します』と伝えてください」と私。校長は、10時30分ごろ、帰校。

「5分で終わりました。『もう校長とは関係なく都教委ですすめる』ということでした」と言う。

その日の午後4時23分に、朝日新聞の記者から私に電話があった。

「戒告処分になったようですね」

「えっ？　いつですか？」

「あれ、知らなかったんですか？」

「ええ、知りません」

「プレス発表がありました」

「？？？……それ、いつですか？」

校長は午後6時ごろ、「読売新聞の石川」と名乗る男から「増田処分」を知らされ、驚いたようである。校長が「まったく知りません」と答えると、この男は「校長が職員の処分を知らないはずないでしょう」と言ったので、校長が正直に「そんなこと言われたって知らないものは知りませんよ」と言ったら、石川は校長が嘘をついていると思ったのか、「学校の名前を出せば、こんな事じゃすまない」というような脅迫的言辞を吐いたそうである。

授業を剥奪、懲罰研修

8月31日、午後3時、校長は区教委に呼ばれ、4時に学校に帰ってきて、私は校長室に呼ばれた。校長は苦渋の表情で「教育長から、非常に厳しいことを言われました。『増田先生には明日から、千代田区教育研究所で研修してもらう』というのです。私は『それは困る』と言ったんですが、教育長は『もう変えられない』ということで……」。

ところで、不思議なことがある。８月31日付産経新聞朝刊には、九段中校長ももちろん、本人である私もまったく知らない時に、「都教委では、この女性教師に長期研修を命ずる方針」と掲載されていた。つまり、産経新聞は、遅くとも30日のうちに、校長先生もまったく予想すらしない時期に、私への「研修命令」が出ることを都教委から聞いていた、ということである。

またまた、都教委は産経記者に私の個人情報を漏洩する、という犯罪行為を犯したのである。それも朝刊に出ているのだから、８月30日中には私の個人情報を産経新聞記者に「提供」したのである。通常、この行為は「個人情報漏洩」と言われ、「公務員の守秘義務違反」という「地公法違反の非違行為」として、東京都教育委員会による処分対象行為である。

「明日から学校に来られないんです」と、学年の先生達に伝えるとパニックだった。明日（９月１日）の試験はどうする？　採点はどうする？　明後日（９月２日）からの授業はどうする？　評価は？　宿題は？「人権作文」は？「税に関する作文」は？「人権作文」も、「税に関する作文」も、今まで何人かの入賞者を出し、受験時の内申、特記事項に記入できていた。

明日の防災訓練は、みんなひとり一役なのに、増田が抜けたら……整美委員会の指導は？　週

1回出していた学年通信はどうする？　学年会計はどうする？　社会科研究部の生徒は？（結局、この部活動は「廃部」となった）連合陸上のチア・ガールの担当は？　11月の千代田区一斉清掃の日の生徒募集担当は？　進路指導は？（10月から学校説明会が多数開かれ、他学年の先生達にもお願いしなければならないほど人手が必要となる）。

本当に東京都教育委員会および千代田区教育委員会は、子どものことも、教育のことも、学校のことも、全く何にも考えていなかった。ただただ、増田さえ処分し、現場から引き剥がせば良かったのである。

同僚の8割が「研修取り消し」請求署名

私はこの無法な懲罰研修について、すぐ東京地方裁判所に「取り消し」請求の仮処分申請をした。同僚達は事務職の方も含めて8割が、私の「研修取り消し」を求める陳述書に署名をしてくれた。しなかったのは、校長、副校長、教務主任、主幹教諭、保健体育課の男性教諭だけだった。以下に、1人の同僚教員の陳述書を紹介する。

「今回の増田先生の処分の件に関して、とても驚きとともに恐怖感すら抱いております。まず、本人への連絡なしに、新聞社に処分の内容、研修させる方針をリークしてしまうことに、不信感を覚えます。公務員の守秘義務という点で都教委の態度はいかがなものなのでしょうか？　次に、本人への聞き取りが不十分だと感じます。そういう中で、あまりに迅速な処分決定に、政治的なものを感じざるを得ません。

また、増田先生をいきなり現場から外す都教委の措置は、現場を混乱させ、教育活動の仕組み上、生徒にも、われわれ教師にも、多大なダメージを与えることを考慮していないと思います。教育現場に関しては、まず生徒、教職員に配慮を十分にしてほしいと思います。増田先生の研修処分は、取り消してください」

しかし、この「研修取り消し」仮処分申請は、簡単に却下された。中西茂裁判長の判決文は、簡単に言えば、こういう内容だった。

「まだ研修していないのだから、この研修が人権侵害と言えるかどうかは判断できない」!?

第３章　教職員研修センターという名の「強制収容所」

東京都教職員研修センター

「研修」が必要なのは誰か？

同年（05年）9月1日、校長に「研修命令書」を千代田区教委から持ってきてもらったが、これには、なぜ研修が必要なのかという理由も、研修内容も、何も書かれていない。そして、それには「9月16日」までの、千代田区教育研究所（神田）での「研修命令」ということだけが書かれていた。それが過ぎても、もちろん現場復帰させるつもりはなく、何かと難癖を付けて目黒（06年3月に水道橋に移転）にある都教委直属の東京都教職員研修センターで、「長期研修」させることになっていたと思われる。

この千代田区教育研究所での「研修」の実態も、「ただただ、もう、くだらない」としか言いようがなかった。9月2日の第1課題なるものは、午前「『都心の魅力にあふれ、文化と伝統が息づくまち千代田』の実現のためにどのような教育を今までしてきたかをまとめなさい」であり、午後の第2課題は、「『社会規範を身につけ、社会に貢献しようとする人間』を育成するためにどのような教育を今までしてきたかをまとめなさい」である。

9月3日の課題は、午前「『個性を磨き、生涯を通じて学ぶ意欲と創造力を持った人間』を育成するためにどのような教育をしていくかを3年間を見通して、まとめなさい」であり、午後の課題は「『豊かな心を備え、国際社会で活躍できる人間』を育成するために、どのような教育をしてきたかを論述しなさい」というもので、午後の課題は、午後1時に届く、という体たらく。

具体的に見てみよう。９月２日、午前８時30分に神田さくら館の千代田区教育研究所に行くと、井沼指導主事がいて、この人物が私の「課題作成者」らしく課題１の紙を渡されたのである。驚くことには何の資料もなく、パソコンもなく、机と椅子とペンだけで、この課題について書け、と言うのだ。この、あまりに無責任な「研修命令」の内容に対し、私は赤井指導課長に電話して、「学校においてある私のノートパソコンと、社会科学習指導要領と、九段中が区教委に提出した教育計画４分冊を持ってきてください」と頼んだ。赤井課長は、大変、めんどくさそうに「今までやってきたことだから、何もなくても書けるでしょう」と言うので、私は驚き呆れた。「資料が何もなくて、何ができますか。そんな無責任なことは私にはできません。研修に必要です。すぐ、持ってきてください」と言ってやった。それで、ほどなく指導主事が持ってきたのだが、私はこの赤井課長の姿勢に、区の「研修命令」なるもののいい加減さ、杜撰さを看取した。そして、こんな内容で、２年生から持ち上がってきて心の通じ合った生徒達と強制的に別れさせられ、くだらないレポートを書かされることに、激しい精神的苦痛を感じた。

後述するように、「研修理由」「研修内容」は、研修当日の９月16日に見せられたのだが、「不適切な文言で処分を受けて」が理由だった。しかし、一体、「不適切な文言」を理由とする「平成17年８月30日付懲戒処分を受けて」ということと、この「『課題１　都心の魅力にあふれ、文化と伝統が息づくまち千代田』の実現のためにどのような教育を今までしてきたかをまとめなさい」ということは、何の関係があるのか？

「不適切な文言」を理由とする、「平成17年8月30日付懲戒処分を受けて」ということと露骨に関係する「課題」は、「課題16　特定の個人名、団体名を記述したり、それらについて教師の私見を加えた資料を授業で活用することについて、どのように考えているかを記述しなさい」だけであった。そして、「課題19　教育活動の中で著作権や個人情報の保護について、生徒にどのように指導していくかを記述しなさい」からは、千代田区教育委員会および東京都教育委員会が、「不適切」とする、かの「東京都議会文教委員会議事録に載っている都議の公人名」を教材プリントに明記したことは「著作権法や個人情報保護法」違反である、と信じられないほどの「著作権や個人情報の保護」についての無知・無理解が見て取れる。

「著作権法や個人情報保護法」違反として「懲戒処分」はできなかったにもかかわらず……しかも、明白な「著作権法違反」を犯して、私の生徒達の意見を無断掲載した産経新聞に対しては、何の抗議もしてはいない。本当に現場を外しての「研修」が必要なのは、私の処分にかかわった都教委・千代田区教委の面々なのである。

要するに、この「9月1日から16日まで」の「研修」も、その次の「翌年3月31日」までの「研修」も、千代田区教育委員会および東京都教育委員会が、不適切な判断能力しか持たない彼らが「不適切」と決め付けたことに対して、私に、それを認めさせようとするためのもので、「研修命令権」の乱用としか言えない。

「指導」主事の知的レベル

それでいて、というより、それだからこそ、私は時間休暇は取ったが、マジメに課題に取り組み、全てのレポートを期限内に提出したにもかかわらず、「千代田区教育委員会の研修発令交付拒否をはじめ、研修期間中にたびたび年次休暇を取るなどしたため、十分な研修成果をあげることができなかった」などと、都教委・千代田区教委は言い張った。そして、さらに半年に渡り、私に自己の「非」を認めさせんがための「研修」を強制するに至った。「研修発令交付拒否」が、どうして「区教諭としての教育目標・方針の認識等の内容」と関係があるのか。年次休暇は労働基準法に定められた労働者としての権利であり、私の「業務」遂行である「研修」になんらの影響も与えていないことは、全てのレポートを見れば歴然だ。

第一、校長に休暇を申し出たとき、ただの一度も「研修成果が出ないから、取らないように」と言われたことはない。井沼指導主事からも赤井指導課長からも、ただの一度も言われたことはない。要するにイチャモンを付けているだけである。だいたい、私の「指導担当」だという井沼指導主事の「ご指導」ときたら、二つだけ挙げるが、まったく中身のないものだった。

以下は、井沼指導主事が私のレポートを読んで、「『指導』ということではなくて、『感想』というか、『コメント』ということで……」として、私に述べたことを、彼の目の前でパソコンに打ち込んだメモである。

課題1について

井沼「教師として教科の授業での取り組みが書かれている。が、『文化と伝統』について教科の授業以外で、どのようなことをなさってきたのかを書いていただきたかった。たとえば『特別活動』の文化祭などの場面で、幅広く書いてほしかった。『どのような教育を今までしてきたかを』と書いてあるのだから『授業以外』も書いてほしかった。『どのような教育』と広く書いてあるのだから……」

増田「じゃあ、それを最初から、具体的に書いておいてください」

課題16について

井沼「先生が取り組まれた『個人名』を使用する際に『本人への了解などの配慮をどうなさっているのか』を書いた方がよかった。『特定の個人名は挙げない』とか書いた方がよかったということ」

増田「公人の、公的場の発言の公的記録は、いくら引用しても合法で、何ら問題はありませんし、扶桑社なんて公に知られた会社なんですし、むしろその公人の個人名、公に知られた団体名を記載しないことの方が、『知る権利』上、問題でしょう」

井沼「私は、『公の個人』『公の団体』について、問われても答える立場ではない。私は『確認したいと思います』というのが答えです。『公の個人・公の団体』について、違法かどうかについて、不安な時は、『しかるべきところに相談する』ようにしています」
増田「では、小泉首相談話を教材プリントに載せる時も、小泉首相に『載せていいでしょうか』と聞け、って言うんですか？」
井沼「私は、その方が『望ましい』と思います」

こんな程度のものを「指導」などと称していて、それで「指導の成果が上がらない」とは（笑）。こんな、ただただ、私を「現場から引き離す懲罰、イヤガラセ」という以外の意味を持たない、全く無法な教育破壊活動を「教育委員会」と銘打つところが平然とやって恥じないとは暗澹たる思いがする。都教委による無法な戒告処分も不当この上ないものだが、「戒告処分」程度で、学校運営の責任者である校長にも何の相談もなく、いきなり、全ての校務から外すなど、言語道断だ。

第一、そんなに「悪い」教材だったら、それこそ保護者会を開いて説明した上で、あの紙上討論プリントは都教委が責任を持って回収すべきだろう。都教委も千代田区教委も、そんなことを考えた形跡は微塵もない！　ただただ、私の授業を剥奪したかっただけなのである。都教委による「戒告処分」を受けた者で、このような無法な「現場外し」を受けている教職員は私以外にいないという事実は、これが、いかに道理を欠く、非教育的判断であるか、政治的判断であるか、明瞭に示している。それを如実に示したのが、前記産経新聞の8月31日付朝刊記事だろう。

生徒からのメールに涙

しかし、何と言っても一番迷惑を受けたのは、9月1日から、いきなり私の授業を受けられなくなった生徒達である。ある生徒からインターネットの「イマジン」という掲示板に、以下のメールが届いて「悪意には、めっぽう強い」という自信のある私も泣けてしまった。

「こんにちは、増田先生。お久しぶりです。9月1日にお会いしてから、しばらくお会いしていませんね。私は九段中のものです。2年生の初め、私は『紙上討論なんてウザイな』っと、思っていました。しかし、みんなから意見を聞いたりしていると、こんな意見もあるんだなぁと感心させられることもあったりして、私はだんだん紙上討論こそが真の社会の勉強なのではないかと思い始め、紙上討論の時間が楽しみになってきました。特に、一番印象に残っているのは『戦争責任は誰にあるか』という紙上討論です。私は天皇にあるという意見を書きましたが、国民にあるといった人や、軍人にあるといった人などの違った意見の人に考えさせられることが多々ありました。紙上討論をするためか、少し授業の進度が速く、ついていくのが大変な場面もありましたが増田先生の授業はとても楽しかったです。なので、私は個人的に増田先生の授業（紙上討論）に対して『百害あって一利なし』といったアノ人が許せませんでした。

そして9月1日、私はとてもショックでした。社会科の授業は○○先生になり、私がやっていた連陸のチアリーダーの先生も○○先生に代わってしまいました。私はどうしても増田先生のことを教育委員会にチクった人のことが許せませんでした。そんなある日、私の友達のある女の子から、増田先生のことをチクったのは、九段中のＰＴＡ副会長である○○君のお父さんであると聞かされました。その女の子もある男の子から聞いた話だそうで、それ以上詳しい話は聞けませんでした。なので、私はその男の子に何で増田先生のことをチクった人がわかったのか聞いてみたのです。そうしたら、このホームページに出ていたと聞いたので、ここへ来てみました。案の定ここにその情報があり、さらに、ここで、増田先生に私の思いを伝えられることがわかりました。そして今、ここに書き込んでいます。

私は増田先生が悪いことをしたとは到底思いません。お願いします。３月までになんとしてでも帰ってきてください。私は○○先生ではなく増田先生に社会科を教わりたいのです！！！」

生徒への返信

「ありがとう。あなたの投稿を読みながら、嬉しくって嬉しくって、しばらく涙が止まらなくって困りました。私は、『悪意にはめっぽう、強いヒト』って自信があるんですけど、『優しさには、めっぽう、弱いヒト』なので……笑い上戸（何年かに1回は、授業中の生徒の言葉に笑い過ぎてしまい、授業ができなくなります）で、怒り上戸（人間として許せないことは、相手が誰でも怒りまくってしまいます）で、泣き上戸（優しさには弱い）です。

私も、何としても3月までには九段中に帰り、あなた達の成長を見守り、卒業を祝いたいと思っています。あの『3年生、紙上討論1』に対して意見を書いてもらっていたのを、もう夏休み中に『3年生、紙上討論2』

として印刷してあるんです。校長先生にも、10月下旬に『紙上討論2』を行います、とお話してあったんですけど……紙上討論は、生徒達を、とても成長させていくものです。それは、増田センセの『指導力』と言うよりも、『真実』の持つ力が、みんなで対等に考え合い、意見を出し合う中で、重みを増し、あなたをはじめ生徒達の成長を引き出していくからだと考えています。お互いに真剣に考え合う、そして考えを深め合っていく、ということは人間の本質に根ざすものですから、その中で、お互いに対する信頼、人間への信頼感が深まっていくことは、当然のことです。そして、お互いの成長を支え合っている、という実感と喜びが生まれるのです。だから、生徒達は『紙上討論こそが真の社会の勉強なのではないか』と考えるようになるのだと思うのです。

私が教えたことは、全て事実です。私は、全く何一つ、悪いことはしていません。それは、真っ当な判断力のある九段中の生徒はもちろんですけど、九段中の校長先生をはじめとする先生達も主事さん達も、みんな知ってることです。でも『事実、特に侵略と植民地支配の事実を生徒達に教えること、日本は侵略したことはないなんていう〈歴史偽造者達〉がいる、という事実を教えること』を、現在の東京都教育委員会は、嫌うのですね。現在の東京都教育委員会というところは、そういう人達が支配しているのですから、彼らは生徒達が、紙上討論で成長していくことをとても嫌うのです。だから、私の方を『不適切』として『処分』するわけです。『事実』を基準とすれば、そんなことをする彼らの方こそが『不適切』なのですが……。本来、教育委員会というところは、『教育』を守り育てなければならない、絶対に『教育への不当な支配』干渉を行ってはいけない、と法律（『教育の憲法』と言われる教育基本法）では決まっているのですけどね。

歴史上、『正義が悪に負ける』事は多かったです。何しろ、『アヘン戦争』のところで教えたように、香港が中国に返され、完全に『正義』が回復するまでには、１５０年もかかってますから！　でも、現在は『民主主義の日本国憲法』があるのですから、権力を持つ悪代官!?　が、どんなに権力を悪いことに使っても、何も罰することはできない、という状態が、そう長続きするとも思えません。現在の東京都教育委員会＆千代田区教育委員会が増田センセにやっていることは典型的なパワー・ハラスメント、イヤガラセ、イジメですけど、私は、そんなものには絶対に、めげるヒトじゃありません。あなたも○○先生の下で、シッカリ勉強しておいてくださいね！　増田センセが九段中に帰ったときには、ちゃんと社会科の知識が身に付いているか、テストしますからね！」

2週間後に分かった「研修」内容

9月15日（木）午前11時ごろだったか、九段中校長より私のいる千代田区教育研究所に電話があり、「『9月16日午後4時半に千代田区教委・赤井指導課長の所に行くように』という連絡がありました。20日（火）からのことについて発令があるそうです」と告げられた。

そこでその日時に、千代田区教委に行ったら、若林尚夫教育長より、「東京都教職員研修センターでの3月31日までの研修」発令通知書なるものを渡された。何の理由も告げられない。そこで、関係書類を見せるように言ったら、以下のものを見せられた。コピーしたものを渡してくれるようにと言うと、「情報提供だから見せるだけです。メモはかまいません」なんぞと姑息なことを言うので、一生懸命メモしたものである。

「17千教指第351号
教員に対する研修の実施依頼について
標記の件について、平成17年8月30日付懲戒処分を受けた千代田区学校教員に対し、より専門的な研修を受けさせるため、下記の通り、東京都教育委員会あて研修の実施依頼をいたしたい。

記

1、受講対象者
九段中学校　増田都子
2、研修を依頼する理由
千代田区教委では増田教諭にかかる平成17年8月30日付懲戒処分を受けて、同教諭に平成17年9月1日から9月16日までの区教諭としての教育目標・方針の認識等の内容で千代田区教育研究所において、研修を受けるよう命じた。しかし、同教諭は千代田区教育委員会の研修発令交付拒否をはじめ、研修期間中にたびたび年次休暇を取るなどしたため、十分な研修成果をあげることができなかった。また、千代田区は、指導主事3名で幼稚園・小学校・中学校を指導するため、指導主事の指導に限界がある」

私は、これによって初めて、つまり9月16日午後4時半過ぎになって初めて、8月31日午後4時半ごろ、校長から告げられた「研修」の理由と、研修するべき内容が分かったのである。千代田区教委が出した「研修命令」の理由は、「平成17年8月30日付懲戒処分を受け」たからだった。つまり、法治国家ならありえない二重処分である。そして研修する内容は、「区教諭としての教育目標・方針の認識等の内容」だった。理由も内容も教えず「研修しろ」!? しかも、その理由と内容は、「全く無関係」!? そして「研修成果なし!? もっと、やるんだ!?」。ことほどさように、デタラメな「研修」の強制であった。

都教委によるイヤガラセ懲罰研修

9月20日から、都教委が私に対して、やっと本格的にイヤガラセ懲罰研修を強制できる時がやってきた。自宅から2時間近くかかる、目黒の東京都教職員研修センターにおける第1日目のやりとりのテープを紹介しよう。

守谷課長という男と、姉村統轄指導主事という男と、名前を名乗らぬ記録係らしい女性（これも指導主事）がいた。時間は午前9時だった。

私が、「『近藤精一所長への抗議文』をまず、最初に読みます。『２００５年9月20日、近藤精一・東京都教職員研修センター所長殿……』」と言って読みはじめたら、この3人、焦った。

守谷「ちょっと、お待ちいただけますか。ちょ、ちょっと、お待ちいただけますか、あの」
増田「まず、聞いてください。大事なことです」
守谷「ちょっと、待ってください」
増田「あなたは指導部指導企画課長在任時……」
守谷「今はですね、せ、先生がやってらっしゃることは」
増田「……私、増田の個人情報を土屋都議らに漏洩する、という非行を犯しました」
守谷「研修中なんですから」
（私は、読み上げ続けた。）
守谷「研修中にもかかわらず、抗議活動をしたということになりますよ」
（私は読み上げ続けるが、守谷はゴチョゴチョ言い続ける。）
増田「……研修センターにおける私の個人情報は、またもや特定の都議に垂れ流されることでしょう」
（守谷がゴチョゴチョ言っている。）
増田「……そういう所で、どうして平静に研修できるでしょうか。まるで裸でオオカミの群れの中に追いやられるに等しく、強い恐怖感、強い精神的苦痛を四六時中感じざるを得ません」
（守谷は諦めて言った。「これから、研修についてのガイダンスをいたします。えー本日……」）
増田「（大半は読み終わったので）いいですか、これ（『近藤精一氏に告ぐ』）渡してくださいね」

姉村「教職員研修センター研修部企画課、統括指導主事の姉村でございます。えー、研修の実施についての説明を致します」
守谷「教職員研修センター研修部企画課長、守谷でございます」
姉村「千代田区立九段中学校の、えー、増田都子先生ですね」
（それ以外の誰が、彼らの前に座っているのか？　あまりにも馬鹿らしいので、私は平然として答えないでいてやったので、沈黙が続いた。）
姉村「増田都子先生ですね」
（私は微笑みを浮かべて彼らを凝視していてやったので、沈黙が続いた。姉村が、なぜか小声になって言う。「増田都子先生です……よねぇ？　よろしいんでしょうか？」。私は「こんなアホな質問に答える義務ないもんね」と思いながら、可笑しくてたまらず、微笑みを浮かべて彼らを見つめていてやったら、姉村氏は赤くなった。この人、未だ修行が足りんね。守谷が言う。「はい、あのー……増田都子先生、じゃ……ないんでしょうか」。私は、態度を変えず、沈黙が続いた。）
守谷（姉村だったかも）「お答えにならない、ということはー……増田都子先生では……ない……ということにしかならない、お答えにならないということは（後は聞きとれず）」
（私は思わず、声を出さずに笑ってしまい、頭が動いたらしい。守谷がホッとしたらしく言った。「今、うなずかれましたね」。私は、態度を変えなかった。守谷は記録者に言う。「うなずいた、ということで」。私は、沈黙を破り、記録者に向かって言った。「『笑った』、って書いといて」。姉村・

守谷は黙った。私はキッパリと言った。「笑いました」。)

(姉村・守谷、沈黙。)

姉村「じゃ、初めに配布資料について説明します。お手元の資料、あの……お手元の資料をご覧ください」

姉村「『研修実施について』ということで、ホッチキスで2枚の紙の資料が1部、『月別研修実施計画』が、えー1枚、『研修計画書』が1枚、『研修実施』が1枚です」

(私は沈黙している。)

姉村「(増田を見て)よろしいでしょうか」

(私は沈黙している。「イヤダよ」って言ったって、しょーがないでしょが? 強制されているんだから……。)

「テープ録音による証拠保全」がイヤ?

守谷「あのー、『研修の実施について』、えー、というペーパーで、ご説明を致します。でー、あのー、ま、一番から順に行くと、いうーことなんですけどれも、あの、えー、録音をおとりになって、いますでしょうか」
(私は、「ほい、きたよ」と思いながら、沈黙を守った。)

守谷「……今、先ほど、マイクのテストをなさってぇ、それを、再生なさって声が入っていました。それは『録音をしている』っというふうに、認められます」

（私はアホらしくって沈黙を守った。こんな「研修」の名に値しない「研修」なるものは、録音して証拠を残さなきゃ、普通の法治国家に生きる人には信用してもらえないだろう。）

守谷「今、録音をなさっていますね」

（私は、沈黙を守る。見りゃ、分かるだろ？）

守谷「『録音は、して（強めて）、いない』、というー、ことですか」

（私は、アホらしくて沈黙を守る。けっこう長い沈黙が支配する。）

守谷「改めて、お伺いします。『録音はしていない』というー、ことでしょうか」

（私は、沈黙を守る。）

守谷「改めてお伺いします。『録音は、していない』というー、ことですか」

（私は、沈黙を守った。）

守谷「お答えがない、ということは、あの、『録音をしている』……というー、受け止めますがよろしいですか」

（私は沈黙を守った。一同、長い長い沈黙。）

守谷「……では、あのー、えー、先ほど、えー、マイクのテストをなさいました。その後ー、えー、……機器の操作をしておりませんので、えー、そのまま、えー、録音が続けられていると、いうふうに、えー、考えますが、よろしいでしょうか。で、えー、ま、あのですね、あのー、7番の『遵守事項』というのを、ご覧ください」

(渡された用紙の「7番」には「(1)研修受講に当たっては研修に専念する。(2)研修受講に当たっては担当職員の指示に従う。(3)研修受講に当たっては録音・録画を行わない」と書いてあった。)

守谷「えー、『遵守事項』、あのー、ここから説明させていただきます。まず、研修受講に当たっては研修に専念する。ま、これは、あのー、もともと、『職務専念』という、専念していただく、ということでありまして、ま、職務として、ここに来て、来ておりますので、えー、それに専念していただく、ということで、あのー、さきほど、えー既に、研修時間に入っている中でですね……あのー……えー……いわゆる、うー、『抗議』、『抗議』活動、というー……、……。ま、『抗議』、えー『抗議』の文章をお読みになった……、……いうーことになります。これは、あのー、えー『研修』ーにですね、あのー、専念するということについて、えー、『課題』ということに、なろうか、と思います」

増田「『研修するに当たって』、これ、とても大事なんです。都教委は、私の個人情報を、全部、都議会議員に流しています」

(守谷は沈黙する。)

増田「いいですか。都議会議員ですよ。そして、この研修センターの所長が実行犯でした」

(私は記録者に向かって言った。)

増田「この事実は、しっかり書いておいてくださいね」
（その後、守谷は、ゴチョゴチョ言ったが略す。）
守谷「えー、録音等についてはですねー、メモーは、もちろん、やっていただいて、結構でございます。ここまでのところで、何か、先生、質問ありますか」
増田「私は、さきほど言いましたけども、私の個人情報は、『都議会議員に流してよい』と教育長が、都議会で、主張し、そして、当センターの所長は、実行犯の１人です。それはもう裁判所に証拠がハッキリ出ています。いいですか。私の個人情報は、全部垂れ流されている、と考えていいんです。当然、非常に歪曲した形で流されます。私は、録音をとる権利があります。録画などはもちろん、撮りません。あなた方のお顔、撮ったってしょうがないでしょう。ただ、事実とちがうことが、今までも流されていました。それは都議会議員が、私を攻撃するための、本の中に、書いています。『教育庁から渡された、資料により』と……それは、かなり、もちろん、歪曲されたものですが、今まで、現に、それがあって、現に、係争中です。あなた方は、私に『録音をとるな』という権利を持ちません」
（ここまで話したとき、守谷が「そもそも、なぜ、あのー、録音をなさりたいのか、ということで」と言うので、私は呆れた。「あなた、［私が説明したことを］聞いてなかったんですかぁ」。守谷が沈黙する。）
増田「あなた方に疾《やま》しいところがないなら、録音ぐらい、どうってことはないでしょう。メモを取ってよくて、なぜ、録音は、いけないんですか？　あなた方が個人情報漏洩の違法行為を犯し、『これからも、犯す』って……都議会で、主張してるんです、教育長自らですよ」
（守谷、沈黙。）
増田「教育庁全般にわたって、組織的に違法行為が行われているわけですから、私は、身を守るためには、録音する権利があります。あなた達が、『この研修は人権侵害でない』と言うなら、『どうぞ、証拠をお残しください』と言うべきでしょう」
（守谷、沈黙。）
増田「あなた方に疾しいところがないんなら、裁判所に出されようが、どこに出されようが、堂々としていらっしゃい」
守谷「……、あの、お考えは承りました。で、今、当センターではですねぇ、えーと、特にー、講師の許可をしない限りは、録音を、えー、許可していない、その点、注意をご喚起します。それから、えーと、いまのー、お話ーですけども、えー、裁判の資料とするために録音をする、というー、ことですと、そのことについて、えー、どうなんでしょう。ま、研修中にですね、えー、それは、えー、いいのか、ということについては、これは、ちょっとですね、まず、あのー、『録音は行わない』ということは『遵守事項』として、えー、守っていただきます、ということで」
増田「あのー、『人権侵害の証拠』をとっとかないと困ります」
守谷「『人権侵害の証拠をとって』、えー、裁判の、資料とするために、おとりになっている、ということですね」
増田「そうです」
（守谷、沈黙。）
増田「この、懲罰研修は、人権侵害ですから」
守谷「そのことについてですね、あの　、ま、いわゆる、うー、研修に専念していただく、ということを」
増田「録音をしたら、なんで、研修に専念できないんですか」
守谷「……、あのー、私どもの方で、判断しますので、えー、そのことについては、認めていないわけです」

あとは事務的なことだったので略すが、この抗議文を2分くらい読み上げたことと、テープ録音をしたことが06年3月31日の「分限免職」処分の「公務員不適格」理由に挙げられていた。

トイレに行く時間まで「監視日誌」に

さて、それから私は研修センター北側の418室（つまり4階の日の当たらない暗い部屋）に入れられ、壁に向かった机とイスに座らされ、背面を常に指導主事が監視しているところで「研修」を強要された。ほかには、いわゆる「指導力不足」教員が、同じように壁に向かった机とイスに5人ばかり座らされていた。しかし、彼らとはカリキュラムが全然別であり、一人ひとりの机と机の間にはスクリーンが間仕切りとしてあって、監視の指導主事が四六時中見張っているので話などできなかった。

つまり、6人の教員が6人、壁に向かった机とイスに座らされ、机と机の間には間仕切りのスクリーンがあって四六時中、無言の行をしているのである（次頁の写真参照）。開示文書に見られるように彼らには、ローテーションが組んであって、早いときは30分で交替していた（141頁参照）。

次のレポートからは、同年9月22日からの東京都教職員研修センター（目黒）における「イヤガラセ研修」の実態がよく見えるだろう。

東京都教職員研修センターにおける人権侵害の実態（1）

2005年9月22日（木）、午前9時過ぎ。

仕事をはじめる前に、机の上が汚れている（もう、廃棄するような机ではないか、と思う）のに気がついたが、雑巾がない。そこで、トイレのところまで行って、ティッシュ・ペーパー1枚を水で湿らしてきて、机を拭いた。ずいぶん黒くなったのを見て、井水指導主事（女性）に「これって、ずいぶん汚れてますけど、捨てるようなのを持ってきたんじゃないですか」と話し掛けたら「そんなことないですよ」とおっしゃった。根

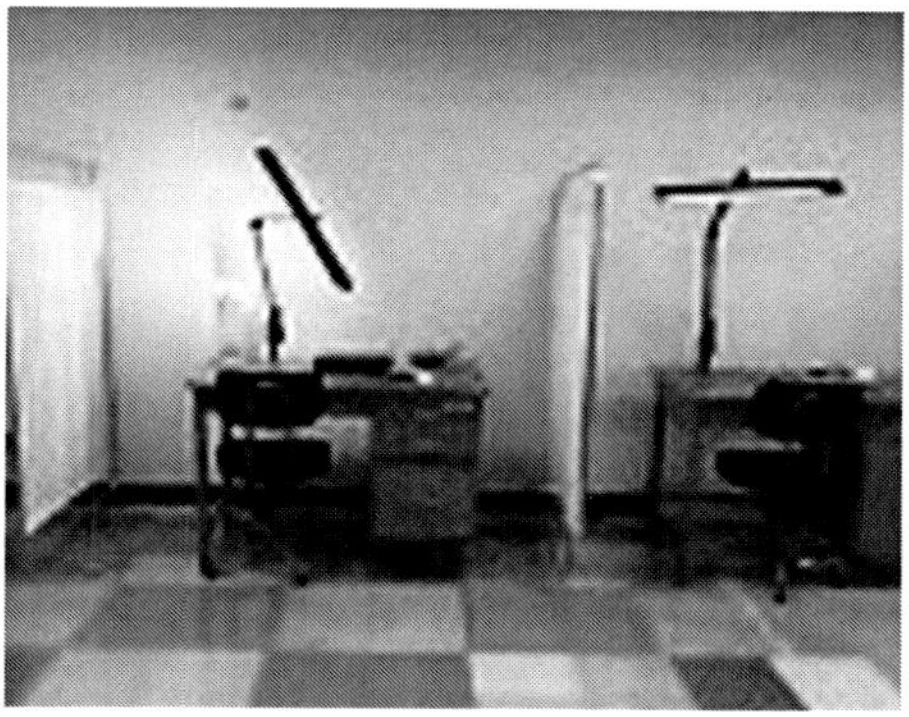

拠があるとは思えないが。

そして拭き終ったので、いつも開け放してあるドアの前、数メートル先のゴミ箱に捨てにいって、帰ってきた。すると井水指導主事が私の行動を見張っていたらしく、「部屋を出る時は、行き先を告げてください」という。部屋の入口に、しょっちゅう入れ替わりながら座っている指導主事は見張り役か？

そこで「トイレに行ってきます」と大声で告げたら、井水指導主事、「はい」。トイレから帰ってきて「あなたの、お名前を教えてください」と言うと、名札を隠して、名前を告げなかった。さらに私は言った。「ここでは、『トイレに行く時』も『ゴミを捨てに行く時』も、いちいち、言わなくっちゃいけないんですか。センターの他の部屋の人たちは、みんな、そうしてるんですか。なぜ、自分の名前を名乗れないんですか」。

井水指導主事は男性指導主事を呼んだ。「自ら考え判断」できる能力がないらしい。この男性指導主事も、「ここでは、そうしてるんです」と同じような能力を示された。私が「他の部屋の人たちも、みんな、そうしてるんですか。『トイレに行く時も言え』なんて人権侵害ではありませんか」と言うと、男性指導主事は言った。

「今まで、『トイレに行く』と言って、行ってなかった、ってこともありましたので」と答える。

私は言った。「トイレに行くのに、あとを付けたんですか」。男性指導主事は「そんなことはありませんが」と言う。

私は言った。「常識で判断できないんですか。閲覧室に行って、時間がかかりそうな時は、告げてますよ。なんでトイレに行く時やゴミを捨てに行く時も言わなくちゃいけないんですか。これ、『人権侵害』だって分からないんですか。自ら考え判断できないんですか」。

井水指導主事が、姉村統括指導主事を呼んだ。姉村氏、曰く。「先生、（トイレに）行ってきてください」。私は答えた。「姉村先生、私は、トイレに行きたい時に行きます。（あなたの）許可は要りません。トイレに行くのに許可を得なければなりませんか。姉村先生、トイレに行く時、ゴミ捨てに行く時、いちいち告げる必要はありませんね」。

姉村統括指導主事は、こんな信じがたいような井水指導主事による「人権侵害」行為について、なかなか明確に応えようとしなかった。さすがに、無法地帯東京都教育委員会にあっては、平然と「人権侵害」行為を行いながら、「生徒達への人権尊重教育」を行えるらしい。

まー、確かに、右翼政治屋との結託による、この「違法な懲罰強制研修」そのものが私・増田に対する「人権侵害」のための「イヤガラセ研修」だから、この程度の、小さな「人権侵害」など、取るに足りぬものかもしれない。

しかし、私・増田の「研修状況」などの個人情報は、くだんの右翼政治屋達に「都教育庁の自由裁量で提供される」ことになっている中で（何しろ、近藤精一所長自ら「提供」なさった前科がある）、せめて、こんな日常的な「東京都教職員研修センターにおける人権侵害の実態」を記さなくてすむようにしていただきたい。これでは、人権侵害常習センターであり、あまりに気持ち悪くて、「研修」に専念できない。

私は抗議文を、正午ごろ、４１８室で私を監視していた指導主事に提出した。その結果、午後1時過ぎ、姉村統轄指導主事に廊下に呼び出された。ささやき声で「閲覧室などに行く時は言ってください（だったと思う。何しろ、とっても小さな声だったので、聞き取れない）。トイレとか、ちょっとしたところ（だったと思う）に行く時は言わなくてもいいです」と言った。私は「当り前です」と答えた。

ところがところが、都教委の立派なアイヒマン「指導」主事たちは、「反省」も「改善」もなかった。これについて、さらに人権侵害が続く。

「トイレ監視」への抗議文にさらなる脅迫

以下の抗議文を見てほしい。

東京都教職員研修センター・近藤精一氏に要求する　Ⅱ

千代田区立九段中学校教諭・増田都子

東京都教職員研修センターにおける人権侵害の実態（２）

2005年9月26日（月）、午後4：00ごろ～4：20、研修センター研修部守谷企画課長と姉村統括指導主事から呼び出されました。9月22日（木）、女性指導主事が「トイレに行く時も、ゴミを捨てに行く時も、自分に告げてから行け」と言ったことについて、謝罪するのかと思いきや!? なんとまぁ、「12時前に、所長に対する要求書を出したから、研修時間中に書いたんですね。服務違反の非違行為として都教委に報告する可能性がありますよ!!」と脅迫されたのです。

信じがたい、この恥知らず!!「厚顔無恥とは幸いなるかな!?」でしょうか。あの女性指導主事の「人権侵害行為」そのものの言動は「言葉の行き違い!? だったそうです。

「まぁ、信じられない、あなた方、公務員の資質以前、社会人の資質ゼロですよ!? あなた方が先ず為すべきは、『ごめんなさい』を言うことでしょう。どうしたら、そんなに恥知らずになれるんですか? どういう道徳教育を受けたら、そんなに恥知らずになれるんですか」と言いましたら、「私どもの出した12の課題とは関係ありませんので、研修時間中に、こういう『近藤精一所長への要求書』を作成することは、非違行為になる可能性があるという事実を申し上げます!?」全く「鉄面皮」って、こういう人たちのためにある言葉ではないでしょうか。

そこで、近藤精一・東京都教職員研修センター所長に要求します。

1、「トイレに行く時もゴミを捨てに行く時も自分に告げてから行け」と言った女性指導主事に、その人権侵害行為を謝罪させてください。

2、女性指導主事に、その謝罪もさせないうちに、「この研修センターにおける彼女の人権侵害行為について記録することは、非違行為として服務違反を問われ処分される可能性があるぞ」と脅迫を加えるなど、呆れた没常識の人権侵害行為の上にさらなる精神的苦痛を与える人権侵害行為を行った教職員研修センター研修部企画課長に対し、謝罪をさせてください。

３、これでは、本当に当センターは「人権侵害常習センター」と言わざるを得ません。こう日常的に人権侵害をされ続けていては、とても「研修に専念」できるわけがありません。早急に指導主事、及び課長たちを集め、「人権尊重」についての「再研修」を施し、日常的人権侵害をなくして研修に専念できるようにしてください。

貴所長が、私・増田の個人情報を土屋都議に漏洩した過去については、その「服務違反の非違行為」が問われますが、本件は本件として、明白なる人権侵害行為の累積ですから、早急に対応するよう要求します。

ところが、「人権侵害常習センター」であった東京都教職員研修センターの立派なアイヒマン指導主事たちの辞書には、まったく「反省」も「改善」の文字もなかったらしく、私はさらに第３の抗議文も提出しなければならなかった。

背面監視日誌の撮影に成功

ある日、私の背面監視をしていた宇田指導主事が中座したスキに、「増田監視日誌」を持ってトイレの個室に入り、携帯カメラでいくつかの証拠写真を撮ることに成功した（第4章扉写真、また情報開示された「見張り番日誌」参照）。そして、以下のように日誌に書いて提出した。

「本日は、418室見張り番指導主事による『増田用・見張り番』日誌を読ませていただき、本『イヤガラセ研修』の本質を、たいへん、よく理解することができる研修をした。

見張り番指導主事の方々は、たとえば『9：39〜9：42離席』と忠実に見張り番の役目を果たしている!? これがトイレに要した時間であることは、直ぐ見て取れるではないか。これが、都研修センターが考える『学習指導法の改善、教育公務員としての資質向上』というテーマのための不可欠の『研修』なのであろう。

それにしても、見張り番指導主事の方々の人間性の豊かさには感動した。こんな卑しいことを真面目に職務として果たされているのだから、何と立派な方々であろうか。宇田統轄指導主事殿には、『あなたは（私に断らずに『増田用・見張り番日誌』を見るなど）絶対に許されないことをした』などと、のたまわれたが、このような卑しいことが『絶対に許される』ということを理解するための『研修』でもあったようだ。

これでは『見張り番指導主事』という文言も、まだまだ不十分で『看守指導主事』という方が『正確』であると思われる。さすがの第1次『イヤガラセ研修』の時も、こんな『看守日誌』はなかったような気がするのだが……。それとも隠しながら記載してらしたので、気が付かなかっただけだろうか？ もちろん『見張り日誌』の存在があったことは知っているが、でも、トイレに行った時間なんかは、どう考えても記載してなかったような気がするなぁ。

確かに、本第2次『イヤガラセ研修』は、往復少なく見積もっても5時間はかかる立川まで、1週間に1回、

職場外研修記録 (No.　　)

平成17年10月3日（月）	欠席遅刻等	[redacted]
担当（企画課）		
担当時間　時　分～　時　分		

研修担当職員	時間	研修担当職員	時間
1 小塙明伸	8時50分～10時40分	5 宇田剛	15時55分～17時45分
2 宇田剛	10時40分～　時　分	6	時　分～　時　分
3 丸山智子	12時55分～14時25分	7	時　分～　時　分
4 [illegible]明雄	14時25分～15時55分	8	時　分～　時　分

特記事項

[redacted]

その他、全体にかかわることについて

情報開示された「増田用・見張り番日誌」

なんらの必要もない教材研究に行くよう強要したり、トイレに行った時間も克明に記録しているなど、確かに『イヤガラセ』度たるや、感動的なほどにパワー・アップしている⁉」

このような通常の人権感覚がありさえすれば、おぞましくて気持ちが悪くなるような人権侵害について、伊沢けい子都議は06年6月14日の都議会本会議において、教育長の中村正彦を追及してくれた。

「さらに、半年間にもわたり研修所という密室で行われていたことは、行政による教育内容への不当な介入であるほか、毎日、トイレに行った時間や携帯電話で話した時間、内容まで都職員が日誌に記録していたというのは事実でしょうか。その目的は何ですか。これは明らかに人権侵害ではないのでしょうか」

教育長の中村は、こう答えた。

「研修において、受講者の課題について、レポートの作成を含めて適切に指導したところでございます。したがって、このことは不当な支配には当たりません。それから、研修において人権侵害があったかのようなご指摘がございましたが、当該研修は、内容、場所、時間を指定して行う勤務としての研修でございます。個人が勝手に研修場所を離れることはあってはならないことであります。

したがって、研修の開始や終了の時刻、離室状況、研修の中断等を記録することは、当該教員の研修状況を把握するため必要なことでございます」

教育長の中村は、教員がトイレに行った時間を「記録することは当該教員の研修状況を把握するため必要なことでございます」と、都議会という場で言って平然としていたのである。これが同じ口で、「子ども達に人権尊重教育をする」とか「イジメは絶対にいけない」とか言うのだから!!

第４章「懲罰研修」による教員の思想統制

「増田用・監視日誌」

インターネットで公開したら脅迫

同年（05年）12月6日には、守谷研修部企画課長が『『命じた』課題レポートを、許可なく『イマジン』などのインターネットで公表したね」などと、またまた脅迫じみたことを言ってきた。「公務員の職務内容は公開されてしかるべきもの」と、当時の横山洋吉教育長が都議会で答弁していることを、つまり彼らが絶対服従すべき「上司」が言っていることも知らないようだ。

また、近藤精一・都教職員研修センター所長等が、増田の個人情報を右翼都議の土屋たかゆき、古賀俊昭、田代ひろしに漏洩した裁判での都教委側準備書面では、「そもそも、研修報告書などは公開を前提としたものである。だから増田個人情報を漏洩しても良い。3都議が（その俗悪）本で、それを公開したことは良かった」と明記し、都教委側証人も証言している。これも、研修部企画課長殿は知らないのだろう。

それとも、私に「命じた課題レポート」なるものは、「軍事機密」のように、「秘密」にしておかなければならないものなのだろうか？　確かに「増田用見張り番日誌」には、「トイレに行った時間」までもが「9：39～9：42離席」などと克明に記録されており、やはり、公開されてはマズイのだろう。でも、課長殿は「それは、（増田の）研修の記録です。記録簿です」と、しゃあしゃあとしているのだから、どこに公開されようが堂々としていられるはず!?　のものなんだけど……。

要するに「イヤガラセ」というものは、される者が誰にもその事実情報を公開できないときに、もっとも効果を発揮するものだから、これは、彼らが「増田への研修強制は、もちろん、イヤガラセなんだよ。だから、公開されちゃ困るんだよ」と白状したようなものである。

正しい批判を「間違っていた」

この、第2次イヤガラセ研修において、東京都教職員人権侵害センター「増田担当者」が作成する「課題レポート」の「テーマ」は、「おいおい、キミたちの『意図』を、そんなに正直に剥き出しにしちゃって、本当にいいの?」というものが続出した。12月6日と7日の「課題レポート」の「テーマ」を見てほしい。


「12月6日、本日の研修内容を踏まえ、以下についての考えを記述してください。

*千代田区立九段中学校で、昨年度、2年生にビデオ『侵略』『予言』を見せて、授業を行った理由は何か。

また、本日の研修を踏まえ、こうした教材の使用についてどう考えるか」

「12月7日付の『教材等の作成及び使用にあたっての配慮事項』の研修における事前課題
1、千代田区立九段中学校において、平成17年6月末ごろから7月始めごろまでに、あなたの個人的見解で特定個人や団体を誹謗中傷した箇所がある資料を生徒に配布して授業を行った理由及び教育公務員としてのあなたの考え方について述べなさい。
2、ノ・ムヒョン大統領の演説の全文を載せた教材プリントを生徒に配布し、ノ・ムヒョン大統領に手紙を出す、といった教育を行った理由及び教育公務員としてのあなたの考えについて述べなさい」

さて、実は、この「人権侵害イヤガラセ研修」取り消し要求裁判では、私は「この研修処分は『歴史・社会の真実を教える』という社会科教員として当然の増田の教育に対する弾圧であり、1947年教育基本法第十条で厳禁されている、教育行政による『教育への不当な支配』干渉であり、極めて違法なものだ」と主張していた。それに対して、千代田区教委＝都教委は、「いや、増田の教育内容（紙上討論授業）は問題にしていない。あくまで『処分』に対応しての『研修』なのだ」と、後段は、支離滅裂の見本ながら、基本は、「増田の教育内容は問題にしていない」と言い訳していることだった。

ところが、ところが、この都教委＝研修センターが私に強制している「課題レポートのテーマ」たるや、ズバリ！「増田の教育内容」そのものなのである。ま、確かに行政がどんなにデタラメな処分をしても、行政追随の判決を出してくれる司法に対して、舐めきってる、ということはあるのだろうが……。

上記12月7日付の、都教委が私に対し、右翼都議の古賀俊昭と扶桑社を「誹謗中傷した」と認めさせようとする「課題1」に対する回答は以下である。

「私・増田は、『個人的見解で特定個人や団体を誹謗中傷した箇所がある［資料］を生徒に配布して授業を行っ』たことはない！　私の［資料］は、以下の通りである。

『情けないことではありますが、04年10月26日の我が東京都議会文教委員会において、古賀俊昭という都議会議員（自民党）は言っています。［(我が国の）侵略戦争云々というのは、私は、全く当たらないと思います。じゃ、日本は一体どこを、いつ侵略したのかという、どこを、いつ、どの国を侵略したかということを具体的に一度聞いてみたいというふうに思います（カッコ内は増田）］（文教委員会議事録）などと、国際的には恥を晒すことでしかない歴史認識を得々として嬉々として披露している（中略）』

以上は、『良識』までなくとも『常識的判断力』を有している者ならば、『事実』に基づいたものであり、教育公務員及び公務員ならずとも侵略戦争の反省に立ってつくられた日本国憲法の理念を身に付けた社会人であれば、ごく当然の『批判』であって、『事実に基づかない誹謗中傷』などでは全くない、ということを理解するのは容易である。

つまり、これを『誹謗中傷』と『判断』したものは、教育公務員及び公務員として、侵略戦争の反省の上に立ってつくられた日本国憲法の理念を身に十分に付けていないことを意味している。すなわち、このような『判断力』を持つ者は教育公務員および公務員としての資質が、あまりにも不十分であることを意味している。こうした者達は、我が日本国家代表である小泉首相が国内外に発表した『我が国は、かつて植民地支配と侵略によって、多くの国々、とりわけアジア諸国に対して多大の損害と苦痛を与えました。こうした歴史の事実を謙虚に受止め、改めて痛切な反省と心からのお詫びの気持ちを表明する』という談話が理解できていない者達であるから、『長期研修を命じて研修させる』必要があるだろう」

侵略の生々しい実態は教えるな！

さて、「歴史の授業プランを立てろ」というので、12月6日、ビデオ『侵略』を使った戦争の歴史の授業プランを提出したら、28日に社会科の樋田指導主事が「よく恥ずかしくないものだな」と思うようなイチャモンを付けてきたので、以下、それを紹介する。こんなレベルの人物が「指導」主事なのである。他県の指導主事は知らないが、東京の場合、「指導主事制度」は、税金の無駄遣い以外の何ものでもない。全廃して、学校に戻し、授業させればいいのだ。そうすると、生徒達には、かわいそうかもしれないが。

しかし、この「指導」と称するものからは、要するに、この「処分&現場外しの懲罰強制研修」の目的が、「侵略の歴史事実」「加害と被害」を中学生によく理解させる増田の教育をつぶすためのもの以外の何ものでもないこと、１９４７年教育基本法第十条が禁じている教育行政による教育内容への干渉そのものであることが、見て取れるだろう。

樋田「(ビデオ『語られなかった戦争　侵略パート1』を生徒達に見せることに関して) 作られてるビデオそのものがぁ、子どもを、対象にして作られているんではないわけですよねぇ」

増田「子どもも」

（中学生なら、「配慮」すれば大丈夫。もちろん「指導力」ある教師なら！　という前提条件があるが……。）

樋田「うん（なぜか笑う）、あの、子どもだけども……ま、子どもも見ることが可能だったら、可能として考えてるのかどうか、私、分かりませんけど。でも、中学校用の教材としてぇ、作られているものではないようですよねぇ」

（この映画を編集した森正孝さんは、中学校の先生だったので、中学校の授業でも使えるように考えて作られたんだけどね。）

樋田「だから、私はー、やっぱり、あの、『注』、ここ、先生が指導用の『留意』に書いてらっしゃるように、中学生に見せるには、やっぱり、一定の配慮っていうのがやっぱり必要だろうなぁ、っていうふうに思います」

（だから、指導案に、そう書いているのである。）

樋田「あのー、……直接的な事実を見ること、がぁ……その、教師がぁ、意図したぁ、ようなぁ、子どもがぁ、理解にならない、こと、っていうのを、やっぱりあると思うんですよね」

（それで、なんだって言うの？）

樋田「で、今、先生がおっしゃったように、ま、精神的に動揺、したり、とか、不安定になったり、とかぁ、いうことがあるでしょうしぃ、だから、そういう意味で、やはり、あのー、一定の配慮がぁ、必要になってくるんじゃないか。先生、これ、全部まるまる見せる、という時間の意味なんですか、これは？　これは1時間目は、これ50分、50分程度のビデオ？」
増田「そうです」
（指導案に、そう書いてあるだろ！）
樋田「ねー、ですよね」
増田「はい」
樋田「そうすると、まるまる見せる、っていうことになるとー、んー、やっぱり、なかなかぁ、中学生じゃ厳しい、場面もー、たくさん出てくるんじゃないかな、というふうに、思うんですね。で、私ねー、あのー、これは、ちょっと見ましたけどもぉ……知らなかったもんですからぁ、あのー、私が気になるのはぁ、あのー、殺された幼児の写真が出てきますよねぇ。それからー……様々な殺し方で殺された、っていう、その、虐殺の、ま、方法が、あります。様々、こう示されてましてぇ。それから、もう一つは……あの、強姦、輪姦……で、強姦された女性が泣いている写真とかぁ、強姦されたあとに腹を割かれた女性の死体とかぁ、で、やっぱり、そー、私はー……すごく……子ども、中学生の、あの、13歳から14歳ぐらいの子ども達にぃ、やっぱり、そのまま見せる、っていうのは、すごくー……配慮が必要なんじゃないか、と思うんですね」
（だから、指導案に、ちゃんとそう書いているんだけど……。）
樋田「先生は、どういうふうに？」

増田「今まで、そうしてきました。取り返しのつかないことを、やってしまったんです、私たちの先輩」
樋田「……、うん、あのー、事実を、あの、伝えなければいい、ってことを言ってるんじゃなくてぇ」
（言ってるくせにさぁ。）
増田「子ども達は、事実にきちんと正対して成長していきました」
（樋田、沈黙。）
増田「『配慮』という名前で……そういう事実を見せることを、排除することの方が問題だと思います」
樋田「……、あ、でも、ボカァー……僕は、つまり、これ授業でやってること、っていうのはー、最終的には『国際協調』、『国際平和』の実現につなげるのが大切だ、って、ことですよね」
増田「それだけじゃないです」
樋田「最終的には」
増田「最終的にはそうだとしても、問題は『そういう時に、自分はどうするか』ってことです。『言われた（命じられた）ままにやるのか』ってことです」
（アンタ達のように、「上司」から言われたら、人がトイレに行った時間も忠実に「記録」するのかい？　ってことなのよ。）
（樋田、沈黙。）

増田「善悪の」
樋田「もちろん、その、あのー」
増田「美醜も考えず……、でも、やらなかった日本兵もいました。そのことは必ず（生徒に）伝えます」
（樋田、沈黙。）
増田「どんな時にあっても良心を捨てない人もいたんです」
（アンタ達と違ってね！）
樋田「……、……、じゃ、そういうことを、先生がぁ、そのー、言葉で、お伝えになるのは、どう……ああいうふうにぃ、そのー、画面がね、その、見せるっていうことはー、やっぱり意味が違うんじゃないかな、ってことも」
（意味は違いませんよ！　でも、キミの言う「意味」は違うんだろうねぇ。）
樋田「で、あのビデオーの中でー、あの、たとえば、こう、南京城って地形的にこういうふうになっていて、と、いって、あの、民間人が増えてー、ああ、こういう状況なんだなぁ、ということは、説明しても、そら、差がある、というふうに思う。つまり、あの、僕はですねぇ、13歳、14歳の子にぃ、あの幼児が死んでる写真とかぁ……強姦ということはね、もちろん、それは、じ、事実だから、その、目をふさぐような、ってこと、そういうこと言ってんじゃないですけどね」
（言ってんのよ！）

樋田「そういうもの、こう、あまりにもリアルにぃ、突きつけられること、っていうのはー……やっぱ、僕ーは、ちょっと懸念があるんですね」

（アンタの「指導能力」の問題だろうね！）

樋田「だけど、先生、戦争が、ね、最大の人権侵害で、特に、幼児やぁ、女性やぁ、高齢者が被害に遭う、子ども達が被害に遭う。……で、そういうことをー、なんか、もっとぉ、こ、子どもが、その、実感をもってぇ、こう、考えられるようなー、あのー、カタチで戦争のことを考えてもらってー、（ビデオ『侵略』を使わないで）できるんじゃないか、っていう」

増田「あなた、できました？」

樋田「私は、私なりに工夫しましたよ」

増田「私は、それでやってきました。生徒達は、きちんと受け止めました」

樋田「いや、だ、だから、だから、それは、でも、先生、この、プラン、プランとして話をしているんだ、と思うんですよねぇ。こういうプランを提示されているのでぇ、『懸念はないか』ということを言ってるであってー、……うん……だから、僕は、たとえば、先生もご存知のー、たとえば森脇（と聞こえた）あき子さんー、とかねぇ、広島県○○高女の子どもたちのアニメーション使ったってー……戦争の批判、なんて言うかなぁ……理不尽さとかね、絶対、戦争はいけないんだっていう、思いっていうのがー」

（吐きそうになる美辞麗句！　だけは、いっくらでも吐き続けられるのが「指導主事」の条件のようである。これが本当に本心からのものなら、樋田指導主事は絶対に扶桑社歴史教科書採択に反対するはずである。）
樋田「『ヒロシマ夏服の少女』とか、いうの、ありますねぇ」
増田「加害者の側面を、きちんと教えなくちゃいけないんじゃないでしょうか」
樋田「うん、だけどぉ、だけど、うん、でも、いや、そういうこと、伝え、伝え、伝えない、って言ってるんじゃなくて」
（「言って」るのよ、アンタは！）
樋田「そういうことからー、それは、中国の子ども達にしろね、アジアの子ども達にしろぉ、やっぱり、戦場になる子ども達ってのは、やっぱり、そういう理不尽さがあるんだ、っていうことをー、自分の中で、つなげて、理解させる、っていうふうな、『うながし』を教師がする、という、ま、できると思う、ってこと言ってんですよぉ」
（「でき」てなんかいないくせにさ！　中国の子ども達は戦場で「巻き込まれた」んじゃないのよ、意図的に虐殺されたのよ、天皇の軍隊に……。）
樋田「だから、僕はー、『夏服の少女』、の時にー、あの、ビデオでー、あれが最後にー、もし、そのー、リアルな場面がね、出てきたらー、子ども達ーの中にー……こう、スーと、こう、入って、もー、な……、ちょっと違う、インパクトーも、必要なんじゃないかなーというような、ま、そりゃ、そういうふうに思う、っていうことなんですけどね」

（アホらしくって……。アンタの「指導能力」じゃ、その程度にしか教えられないからって、増田も「同じような授業やって満足してろ」って言われたってさぁ……。）

樋田「ま、あのー、そういうことを、あの、感じー、ましたー」

こんな程度のシロモノを「指導」と自称しているのが、東京都教育委員会の「指導」主事なのである。

笑える「課題」レポート

「研修受講後の課題」は笑えるのものばかりだった。以下、私のレポートである。

「研修受講後の課題

あなたは、社会科の授業で、文部科学省検定済のある教科書について、具体的な社名を挙げて、歴史偽造教科書であると生徒に対して指導した。そのことについて、2月15日の研修で、講師より『授業で生徒に対して、検定された教科書について、歴史偽造教科書であるということは言ってはいけない』ことを指導された。このことについて、あなたの考えを1200字～2000字で述べよ」

〈回答〉

本課題はたいへん素晴らしいので、正確さ・具体性を重んじて論じるため、字数制限は無視するものとする。

さて、確かに、都教委法務監察課長であられる園部氏からは、「授業で生徒に対して、検定された教科書について、歴史偽造教科書であるということは言ってはいけない」という噴飯物の発言を06年2月15日に、聞いた。しかし、まさか、このようなシロモノが「指導」などという日本語に対応するものと判断されるとは、常識的判断力を有すれば考えられないことである。

園部氏の発言の、完璧な迷妄は明白である。

先ず第1、園部氏は、テープの録音によれば以下のように発言している。（略）

園部氏の、この発言の核心は、

増田「ほー!? 検定された教科書は」

園部「うん」

増田「全て正しいわけですね？」

園部「そうでしょう」

にある。

これほどの園部氏の無知は「法外、論外」と言うべきである。ほとんどの文部科学省検定済教科書が「全て正しい」どころか、数多くの間違いが「常に」と言っていいほどあることは常識であり、学校にはしょっちゅう「文部科学省検定済教科書」会社から正誤訂正表が送られて来ている。「教育」に関して、その法的知識も含めて、ほとんど素人同然の都教委法務監察課長・園部氏は仕方がないとしても、本課題作成者は元は教諭であらせられたのではないかと推察される。にもかかわらず、本課題作成者自身が、本当に「ほとんどの検定済教科書が『全て正しい』どころか、数多くの間違いが『常に』と言っていいほどあることは常識であり、学校にはしょっちゅう『文部科学省検定済教科書』会社から正誤訂正表が送られて来ている」という事実を御存じない、ということが有り得るのだろうか？

ここで、新聞などに大いに報道された、ほんの2例を挙げておこう。東京書籍の公民の「文部科学省検定済教科書」に1カ所、とんでもない大間違いがあった（小さい間違いは除く）。ある自治体の「雪国はつらつ条例」が正しいのに、「雪国はつらいよ条例」となっていたのである。「文部科学省検定済教科書」であるにもかかわらず!?　この絶好の教材をとらえて、私は、生徒達に指導した。「ね、『文部科学省検定済教科書』と言っても、嘘・誤り・間違いはあるから、鵜呑みしてはいけないんですね」と。この教科書を使用していた学校の社会科の先生は、たぶん、私・増田同様の指導をして、生徒達に「文部科学省検定済教科書」にある情報だからといって、園部氏&本課題作成者のように無邪気に「全て正しい」と「前提」しては大間違いを犯す、という真実を、生徒達に理解させ得たものと思量される。

また、扶桑社公民的分野「文部科学省検定済教科書」はアイヌ民族の方の肖像権を侵害し、同意なく写真を掲載して、おまけにその写真の説明も事実とは異なっていた、という事実がある。この方の抗議に対して扶桑社は、初めは実に不誠実な態度で居直っていたようであるが、粘り強い抗議に対して、最近、ついに過ちを認めて謝罪し、写真の差し替えを行った事実がある。このような事実についても、たぶん、園部氏&本課題作成者には無知であるものと推察される。

すなわち、園部氏の「文部科学省検定済教科書は全て正しい」という「前提」は、大間違い中の大間違いである、という判断を下すのが、常識的判断力を有する者には常識なのである。文部科学省検定とはいえ、人間のすることには間違いがある、というのが常識の部類の「前提」なのである。

第2に、「扶桑社教科書は歴史偽造教科書である」という事実については、再三再四、本課題作成者の要求に対する回答レポートにおいて、本課題作成者のために、私は具体的かつ詳細に教えてさし上げてある。つい最近のものでは「研修のまとめ（1）」に、具体的事実を挙げて、扶桑社教科書は、アジア・太平洋戦争を「自衛の戦争」としており、「侵略戦争」とする日本政府公式見解（これは最高法規・最高ルールである日本国憲法の「前提」でもある）及び国際常識に反する「歴史偽造」を行っている事実を明記しておいた。本課題作成者には私の回答レポートを読んでおられないか、読んでもすぐ記憶を喪失してしまわれるものと推察される（まさか日本語理解能力が欠落しているわけではあるまい）。

「文部科学省検定済教科書は全て正しい」などという完璧に誤った判断力を持つ園部氏&本課題作成者には、この日本国憲法の前提も日本政府公式見解も国際常識も欠落していることが明瞭である。加えて園部氏は教育行政の「前提」である「教育基本法第一条」についても言えない都教委法務監察課長であられた。ちなみに第一条「教育の目的」は「人格の完成を目指し、平和的な国家及び社会の形成者として、真理と正義を愛し、個人の価値をたつとび、勤労と責任を重んじ、自主的精神に充ちた心身ともに健康な国民」育成である。教基法十条は、教育行政に対し、教育内容・方法への「不当な支配」干渉を禁じている。

結論。日本が「侵略戦争をした」という真理・真実（日本国憲法の「前提」・日本政府公式見解・国際常識）を「愛し」ていないことが明瞭で、歴史事実及び日本国憲法の「前提」・日本政府公式見解・国際常識に反して「自衛戦争をしたと記載する歴史偽造教科書」を真理・真実よりも「愛し」ていられることが明瞭な園部氏&本課題作成者には、「公務員としての資質の欠落」は明々白々であるので、「長期研修を命じて改善をはかる必要がある」ものと思量される。

最後に、「指導」とは「RESPECT FOR EXCELLENCE」に対応するものをいうことを付言しておこう。

「扶桑社教科書が大好き」の都教委

２月末から「研修のまとめ」として書け、と強制されたテーマは、本当に露骨で、この「05年8月31日の処分と同年９月１日からの強制研修」が、本来の処分とも「研修」ともまったく無関係であって、右翼が乗っ取っている都教委が、扶桑社の歴史偽造主義教科書を生徒達に押し付けたい立場から、それを批判する教師をつぶそう、とするもの以外の何ものでもないことを明々白々にした。以下、それを示そう（研修のまとめ・その１）。

「これまでの研修内容を踏まえ、以下についての考えを記述してください。

１、あなたは授業中に、特定の出版社の教科書を『歴史偽造の教科書である』、特定の議員の名前をあげ『歴史偽造主義者である』というあなたの主張を書いた資料を生徒に配布した。このことについて、今後もこのような認識のもと授業中に同様の資料を配布して授業を行なっていくつもりか。あなたの考えを1200字~2000字程度で具体的に述べよ」

〈回答〉

本課題作成者には「特定の出版社の教科書を『歴史偽造の教科書である』、特定の議員の名前をあげ『歴史偽造主義者である』というあなたの主張を書いた資料」などと、書いているが、これは、私が、まるで「たいへん悪い主張」を生徒達に授業で教えた事実があるかを前提しているもののようである。

このような前提を立てられるのは、「わが国の歴史」および「わが国政府の歴史認識」に対する救いがたい無知の存在に原因があるように考察される。

まず第1。1952年を以ってわが国はサンフランシスコ講和条約に基づき独立を回復したものであるが、本課題作成者には、この第十一条において「東京裁判を受諾する」とあるのを知らないのではないだろうか。東京裁判は「1928年1月1日から45年9月2日まで」の、すなわち、わが国のアジア・太平洋戦争を「侵略戦争」と認定し、東条等をA級戦犯として処刑したものである。すなわち、わが日本政府の「公」の立場は「1928年1月1日から45年9月2日までの」戦争を「侵略戦争」としているのである。

第2。本課題作成者には去年8月15日の小泉首相談話として「わが国は遠くない過去の一時期、国策を誤り、植民地支配と侵略によって、アジア近隣諸国に計り知れない惨禍と苦痛を強いた」と発表されたことにも無知なのではないだろうか。

つまり、本課題作成者には、わが国政府が「1928年1月1日から45年9月2日まで」の戦争を「侵略戦争」

と認めていることに対する無知があって、はじめて前記のような誤った「前提」を基に、本課題を作成したものと思われる。もし、わが国政府が「1928年1月1日から45年9月2日までの」戦争を国の内外に「侵略戦争」と認めていることを知っていたならば、本課題作成者がいうところの「あなたの主張」、すなわち、私・増田の「主張」なるものは、「わが国の公の歴史認識」に基づいている「主張」であること、この日本国政府の歴史認識に基づけば、あの戦争を「侵略戦争なんかしたことがない」「自衛の戦争」であるという「主張」は「歴史偽造」の「主張」であると、容易に認識できるものである。もちろん、「処分」などは論外で、本研修のような「イヤガラセ」の「懲罰」研修など狂気のさたであることが認識できるはずである。付言すれば「民主主義国家」「自由主義国家」と称する国において、常時、背面監視の見張り番がいて「背面監視員日誌」をつけているような「研修」など、常人には想像だにおよびつかないと思われる。

さて、「扶桑社」歴史教科書は、わが国政府が国の内外に明言している、あの「侵略」戦争を「自衛の戦争」などと、「虚偽事実」を作り上げて書き込んでいる教科書である。にもかかわらず「扶桑社教科書は歴史偽造の教科書である」という事実を授業で教えたことを、本課題作成者には「悪いことを教えた」と「主張」するわけであるから、本課題作成者は「日本は侵略戦争でなく自衛の戦争をした事実がある」という扶桑社「主張」と同じ主張をしているわけであり、日本政府の歴史認識に反する「主張」をするわけである。すると、本課題作成者には事実をあげて、あの戦争が「自衛の戦争」であることを証明できるものと思われる。ぜひ、その証明を示す「研修」をさせていただきたい。実は、本研修においては、その「研修」をやっていただけるものと大いに期待していたのであるが、去年9月からこっち5カ月もたつのに「日本は自衛の戦争をした。

侵略戦争はやっていない」という「研修」を施していただけなくて困っている。もし、それが証明されるなら、私は「悪い間違った主張」を教えたことになるのであるが、それが証明されない限り、私は実に「正しい主張」を行ったわけであるから、本課題作成者には私に謝罪の上、すぐ現場復帰させるべきである。

また（中略）都議会文教委員会議事録に掲載されていることを、私は授業で紹介した。この「古賀俊昭」という「特定の都議」は、「日本は侵略戦争をしたことがない」と、わが国政府と正反対の歴史認識を都議会という公の場で披露している事実がある。しかるに、都議という公人が都議会という公の場で発言し、議事録という公的記録に掲載されているものについては、いつ、いかなる時に取り上げても良い、ということが「普通の民主主義国」ならば、ごく当然の常識であるが、これについても本課題作成者には無知のようである。もしかして本課題作成者には、ある将軍様の国で「研修」を深めてこられたのかもしれない。「背面監視員付き研修」といい……。

結論。本課題作成者が「主張」する「あなたの主張」なるものはサンフランシスコ条約以来の日本政府の公式の「主張」に基づくものであり、また「歴史事実」として通常の判断力を有する成人には国内外を問わず、疑いもなく認識されていることがらから導き出される当然の「主張」である。したがって、これを以って「悪い資料を使って授業で教えた」などとする認識能力の持ち主の方にこそ、わが国の歴史について認識を深めさせるための「研修を命じる」必要があるやに思量される。

誰が誹謗中傷をしているのか？

私は、インターネットの「イマジン」という掲示板に、この間の研修について、そのあまりの無内容と人権侵害の実態を投稿し、公開しておいた。都教委はそれが気に入らず、以下のような「課題」を与えてくれた（研修のまとめ・その2）。

「これまでの研修内容を踏まえ、以下についての考えを記述してください。あなたは、イマジンというホームページで、『犯罪都教委&３悪都議』『イヤガラセ研修』及び研修センターの特定個人を誹謗中傷する内容を掲載し続けてきた。その理由は何か。また、このことについて、今後も同様に行うかも含め、現在のあなたの考えを１２００字〜２０００字で述べよ」

〈回答〉

最後の「研修センターの特定個人を誹謗中傷する内容を掲載し続けてきた」について回答しよう。これについては、昨日、本課題作成者には、何を以って「研修センターの特定個人を誹謗中傷する内容」と判断したのかについて、なんら具体的資料を寄越しもせず「レポートを書け」などと信じられないほどのいい加減さ、杜撰極まりない態度を示された。そこで、私が具体的資料を出すよう要求して、初めて本日、資料を出された経過があることを先ず確認しておく。

さて、その資料インターネット「イマジン」への私の投稿による該当部分は、「守谷・当研修センター研修部企画課長と姉村統括指導主事から呼び出され、9月22日（木）、井水指導主事が行った『通常の社会』ではとうてい考えられない人権侵害行為について『謝罪はしない。研修時間中に近藤所長への要求書を書いたから〈服務違反の非違行為〉として都教委に報告するぞ』と、実に厚顔無恥な脅迫をいただくという、素晴らしい『研修』を実施していただいた」ということらしい。

さて、これを以って「特定個人を誹謗中傷する内容」と断定する本課題作成者の判断能力の欠落、人権尊重感覚の欠落、したがって「他人の人権侵害なんて平気の平左」という恐るべき人間性が示すものは、まさに公務員としての資質の欠落である。

第1に「守谷・当研修センター研修部企画課長と姉村統括指導主事から呼び出され」たのは事実である。

第2に「井水指導主事が行った『通常の社会』ではとうてい考えられない人権侵害行為」は事実である。井水指導主事は、私に対し「部屋を出る時には、一々、行き先を告げてから行け。トイレに行く時もゴミ捨てに行く時も言え」と強要された。この事実を公開することを以って、本課題作成者には「誹謗中傷」と断定している。そうであるからには、本課題作成者には、これらは「人権侵害ではない。『通常の社会』でも普通に考えられる人権擁護行為である」ということを証明できる能力をお持ちのようである。ぜひ、それを証明していただきたい。

第3に「守谷・当研修センター研修部企画課長と姉村統括指導主事」らが「謝罪はしない。研修時間中に近藤所長への要求書を書いたから『服務違反の非違行為』として都教委に報告するぞ」と発言したのは事実である（証拠の録音テープが在る）。そして、「井水指導主事の人権侵害行為」に対して通常の善悪の判断能力及び通常の羞恥心があれば謝罪するしかないであろうのに、謝罪はおろか、あろうことか、この「増田への研修」と称して行った人権侵害行為を「勤務時間中に」告発したから「処分するように報告するぞ」などという下劣・愚劣・卑劣な言動が二重になされた。これに対して「実に厚顔無恥な脅迫」という表現は正に適切であると、通常の善悪の判断能力の持ち主ならば判断できるものと思量される。

本課題作成者には、このような「守谷・当研修センター研修部企画課長と姉村統括指導主事」「井水指導主事」らによる二重の「下劣・愚劣・卑劣な人権侵害の言動」を、どうやら「公明正大で、実に立派な言動だ」と判断しておられるようである。しかし、その判断力では公務員に相応しい資質の持ち主とはとうてい言えないので、通常の公務員に相応しい人権感覚が身につくまで「研修を命じられる」必要があると思量される。付言すれば04年９月29日の都議会本会議において、当時の横山洋吉教育長は、伊沢けい子都議から増田個人情報漏洩・七生養護学校の教員の個人名を含む個人情報漏洩を追及され、「増田も七生養護学校教員も公務員だから、それらの情報を提供してもいいのだ」と答弁した。本課題作成者には、この議事録について研修されたい。

結論。私は「誹謗中傷」をしたことはない。私は、事実と、それに基づく考察による正当な批判をしてきただけである。「事実に基づく正当な批判」と、私に対する本「イヤガラセ研修」強制に典型的な「事実に全く基づかない誹謗中傷」の区別が判断できないようでは公務員に必要な資質が欠落している、ということである。

ところで、本課題作成者らに聞く。そんなに３悪都議&犯罪都教委の一員であることが嬉しいか？

「土屋先生、古賀先生、田代先生、喜んでください。増田を現場から引き剥がして、背面監視員をおいて見張らせ、イヤガラセの限りを尽くしてやっていますからね!? これからも微に入り細に入りアラ探し&イチャモン付けをして、なんとか処分に結び付けてやりますからね!? 『私が悪うございました』と言わない限りは、ラーゲリから出してやりませんからね!? 『日本が侵略戦争した』なんて事実をリアルに生徒達に教えさせるようなことはさせませんからね!? 増田個人情報は『自由裁量』で、いつでもお渡ししますからね!?」

私の方こそが、犯罪都教委によって、事実に基づかない誹謗中傷を浴びせ続けられ、個人情報を、犯罪都教委とベッチャリ癒着した3悪都議&産経新聞に垂れ流され続け、本「イヤガラセ研修」の強要のように人権を侵害され続けている事実が存在する。しかし、本課題作成者らには、どうしても学習できないようであるが「恫喝に屈しない人間も存在する」という事実は学習した方が良いのではないかと思量される。

以上

教頭は教諭の上司ではない!

以下の課題は、要するに校長・教頭の言うことには何だろうと従えよ、とするものだったので、以下のように回答した（研修のまとめ・その3）。

「これまでの研修内容を踏まえ、以下についての考えを記述してください。

学校教育法二十八条に『校長は校務をつかさどり所属職員を監督する』『教諭は児童の教育をつかさどる』とある。あなたは『現在の教諭は校長の命を受けてつかさどっているのではない。校長の信頼関係のもとで行っている。生徒にとっていいものは使う』と校長の教育内容や教育活動についての管理監督権を拒否している。また、『教頭は、教諭の上司ではない』と述べている。このことについて、今後もこのような認識のもとで、教育公務員として職務を行っていくつもりか、あなたの考えを1200字〜2000字で述べよ」

〈回答〉

先ず、前半部分である。この課題作成者には、教育法及びその歴史について完全なる無知があると思量される。これについては、法務監察課長なる立派な肩書きをお持ちの園部氏は、前々回に来られた時に、その無知を認められた。そこで、調べて研修なさるようお勧めしたが、自分から「調べてみます」と明言されたことも、前回来られた時には完全に記憶を喪失しておられた事実がある（テープ録音証拠あり）。

法務監察課長におかれて、これであるから、本課題作成者にも国民学校令と学校教育法との相違について無知であられるものと推測される。そこで以下に戦後に廃止された国民学校令（勅令）と、これに代えて国会が制定した学校教育法の相違を示しておくものとする。

＊国民学校令（勅令、一九四一年）
十六条　学校長ハ地方長官（筆者注　官選知事・内務官僚）ノ命ヲ承ケ校務ヲ掌リ所属職員ヲ監督ス
十七条　訓導（筆者注　教諭）ハ学校長ノ命ヲ承ケ児童ノ教育ヲ掌ル
＊学校教育法二十八条　教職員（法律、一九四七年）

③校長は、校務をつかさどり、所属職員を監督する。
⑥教諭は、児童の教育をつかさどる。

即ち、勅令を法律に改めただけでなく、校長については「地方長官ノ命ヲ承ケ」、教諭については「学校長ノ命ヲ承ケ」を削除した。このことは、文部省、教育委員会、校長、教諭間の上下の命令服従関係を否定して、校長と教員が、それぞれに独立して、校務、教育を行うことを示して重要である。教育憲法である教育基本法第十条「教育は、不当な支配に服することなく、国民全体に対し直接に責任を負つて行われるべきものである」からして、校長は、教員の教育内容・方法に干渉してはならず、それ以外の校務と所属職員の監督を任務とするものである。

私は、この戦前と戦後の決定的な「教育をつかさどる」の相違について認識しているので、教育公務員として、ごく当然ながら、法に忠実に従うものである。当然ながら「校長の」「校務」についての「管理監督権を拒否している」事実は全くない。この課題作成者には、教育基本法を教育憲法（旭川学テ最高裁判決）とし、子ども達を真理・真実に向かわせることを職務とする教育公務員組織と、一般公務員組織との相違、即ち「教育機関」と「教育行政機関」の相違についての研修が甚しく不足しているものと推察される。よって、このことについて「改善のための研修」を命じられた方が良いのではないかと思量される。

さて、後段である。学校教育法において、「教頭は、校長を助け、校務を整理し、及び必要に応じ児童の教育をつかさどる」職務であって、それ以上ではない。すなわち、前記、園部氏には何度も申し上げたが「学校教育法上、『教頭は教諭の上司ではない』」と、私は「述べている」のであって、これは法に忠実であるべき公務員として、全く当然のことであると思量される。本課題作成者には、なぜ、この「学校教育法上」という最も重要な前提事実を意図的に削除されるのであろうか。それは、たぶん、前記園部氏も学校教育法上には「教頭は校長の命を受け、所属職員を監督する」と、いったような規定・文言が存在しないことは認めざるを得ないからであろう。規定があるのは、園部氏の言をテープ録音からそのまま引用すると「千代田区の、おー、同じ規則によりますと、えー、『教頭は校長の命を受け、所属職員を監督する』と、いったような規定がございました」ということなのである。

即ち、私は園部氏に何度も何度も言明したが（テープ録音証拠あり）、学校教育法上は「教頭は教諭の上司ではない」のであって、それを規定しているのは「管理運営規則」なのである。そして、本来「法治国家」ならば、法律の下位にある「規則」などで、法律以上の「規定」はあり得ないのであるが、我が国、特に我が首都においては「法の下克上」が甚しく、法律にはないことも続々と「規定」されるという特徴があり、それは当然、事実であるから、私は事実として認めている。

また、校長に対するのと同様、教頭による教育条理に基づいた有効なる教育活動への助言については、拒否することなどありえない。

戦争の加害責任を教えるな！

以下の課題は、姉村ら「指導」主事の知的レベルの正確な反映だったので、以下のように回答した（研修のまとめ・その４）。

「これまでの研修内容を踏まえ、以下についての考えを記述してください。

昨年度、あなたは、２年生に『侵略』等のビデオを見せて授業を行ったと述べた。『悲惨すぎる面があるので事前に説明を必ず行う』とのことであるが、生徒に対して『見たくなければ見ずともよい』と説明しても、一部の生徒が教室を出て、授業に参加できないという授業構成でよいのか。また、学習指導要領には、国内外の政治・経済・社会情勢などについて、様々な資料を活用して多面的・多角的に考察することが求められているが、加害者側、被害者側という認識で戦争にかかわる歴史的事象をとらえることだけで、果たして多面的・多角的考察ができたと考えているのか。今後も昨年と同様の授業を行っていくかも含め、あなたの考えを２０００字程度で述べよ」

〈回答〉

先ず、この課題作成者の厚顔無恥な精神構造には呆れ果てるというほかない。「一部の生徒が教室を出て、授業に参加できないという授業構成」とはどういう事だ？　そのような「授業構成」をした事実は、これまで全く一度もない。課題作成者には、責任を持って、『侵略』のビデオの授業の時に「一部の生徒が教室を出て、授業に参加できない授業構成であった」という事実を示されたい。本課題作成者よ、こんなことを書いた以上、あなたには、その義務がある。

本課題作成者には、「課題（２）」なるものにおいて、「平成17年11月7日、豊島勤労福祉会館で開催された集会において不特定多数の参会者に配布された資料の中で、保護者の１人を超国家主義者・特異な史観をもつものと、誹謗中傷している」などと、平然とでっち上げを行って恥じることのない精神構造の持ち主であったが、その「資料」には、そのような部分は存在していなかった⁉　これは「公文書偽造」とも言える犯罪行為である。その事実は「課題（２）への回答」レポートにおいて明瞭に示されたにもかかわらず、何ら無反省で以って、さらに「一部の生徒が教室を出て、授業に参加できない」などと、更なる恥知らずなでっち上げを行っている。この、本課題作成者のように、虚偽事実をでっち上げ、それを事実であるかのように記載する、という態度をこそ「誹謗中傷」と言うのである。これは、通常の判断力・モラルを持つ通常の公務員の資質を持つ者には、とうてい考えられない態度であるが、これが、現今の都教委御推奨の「公務員の資質」なるものであるかと思量される。

私は生徒達に「画面を『見たくなければ見ずともよい』」とは言っておくが、生徒達は、これまでの数十年、誰１人として教室を出て行くようなことをした者はいない。彼らは、この課題作成者のような恥知らずではないからである。紙上討論の感想・意見を見るならば、生徒達が、この『侵略』の授業構成によって、現行学習指導要領にある「また、『大戦が人類全体に惨禍を及ぼしたこと』については、我が国が多くの国々、とりわけアジア諸国の人々に対して多大の損害を与えたこと……を理解させ」を、よく具現化したことは、でっち上げをこととして恥じないなどという厚顔無恥な精神構造を持たない「通常の公務員の資質十分なるもの」には、明瞭である！

また、後段の厚顔無恥にいたっては噴飯物と言うしかない。

「加害者側、被害者側という認識で戦争にかかわる歴史的事象をとらえることだけで、果たして多面的・多角的考察ができたと考えているのか」とは、まさに本課題作成者の精神構造を示して余りあるものである。「加害者側、被害者側という認識で戦争にかかわる歴史的事象をとらえることだけ」!? 「加害者側、被害者側という認識」こそは、「戦争にかかわる歴史的事象」の根幹ではないか? この根幹部分に対する「認識」を欠いて、いかにして現行学習指導要領の「また、『大戦が人類全体に惨禍を及ぼしたこと』については、我が国が多くの国々、とりわけアジア諸国の人々に対して多大の損害を与えたこと……を理解させ」ることができるのか? この根幹部分に対する「認識」を欠いて、いかにして「多面的・多角的考察ができ」るのか?

本課題作成者よ、責任を持って具体的に示されたい! 思考するに、本課題作成者のような者には、とうてい「戦争にかかわる歴史的事象」について「国内外の政治・経済・社会情勢などについて、様々な資料を活用して多面的・多角的に考察」させる能力はなさそうである。付言すれば、私は『侵略』のビデオ」だけで、あそこまで生徒達の「多面的・多角的考察」を発展させたのではない。「国内外の政治・経済・社会情勢などについて、様々な資料を活用」した上に、『侵略』のビデオを「活用」したのである。もし、私が「『侵略』のビデオだけ」であそこまで、「多面的・多角的に」生徒達の認識能力を発展させ得たとするならば、私は「偉大なる教師」として表彰されてもいいだろうが、私にはそこまでの能力はない。

結論。本課題によって、本「研修」なるものが、「教育への不当な支配」干渉のための「イヤガラセ懲罰研修」以外の何ものでもない、という本質が暴露されたことは、まことに慶賀の至りである。本課題により、「授業を改善させるための研修」と称しながら、実は、生徒達が、我が日本国政府が内外に明言している「侵略戦争」の「加害と被害」について、「多面的・多角的考察」をできるようになっていく私・増田の平和教育を潰すための弾圧であること、すなわち教育基本法第十条が厳禁する「教育への不当な支配」干渉をするためのものであることが、これ以上なく明瞭になった。少なくとも、書いてある文言は書いてある文言のままに認識できる能力がある通常の判断力・モラルを持つ者なら特に公務員に限らず、見て取ることは容易である。

異動内示直後の免職処分

さて、後日談。これらの呆れた「課題」なるものを考案した姉村は、他人がトイレに行った時間までファイルに記録を残し、それを「人権侵害だ」と批判されても「職務ですから」と平然とし、他人の言葉をどこまでもどこまでも捻じ曲げ、それを批判されても、まったくめげることのないミニミニ・アイヒマンだった。

しかし、これが東京都教育委員会にとって、非常に望ましい「適格」公務員であるようで、姉村は06年4月1日付で大出世した。扶桑社歴史教科書を東京都内の公立中学校では、ただ1区だけ採択した杉並区教育委員会の指導室長となったのである。そして、さっそく、やってくれた！校長会に出て行って、「扶桑社歴史教科書を教員達に批判させるな」と「指導」したのである。

こういうミニミニ・アイヒマンこそが、東京都教育委員会にあっては望ましい「公務員の資質」

の持ち主であり、「公務員適格」なのであるから、当然ながら、「人格の完成をめざし、平和的な国家及び社会の形成者として、真理と正義を愛し、個人の価値をたつとび、勤労と責任を重んじ、自主的精神に充ちた心身ともに健康な国民の育成を期して行わなければならない」（１９４７年教育基本法第一条）という教育を実践した教員である私は、「公務員の資質」がなく、「公務員不適格」として「分限免職」となったわけである。

しかし、この「免職」なるものは、もともと無法を強行するものだから、当然ながら、実に不可思議なところがある。というのは、06年３月14日には九段中校長からの電話で、「『４月１日から港区立御成門中学校への異動』の内示が、都教委からありましたのでお伝えします」と伝えられていたのである。それから17日後には、「公務員不適格」として「免職」。情報開示請求してみたら、06年３月28日には千代田区教委から都教委宛内申として「研修継続などの措置をお願いしたい」とあった。

都教委は、この内申を受けて３月29日付で「分限免職（案）」を起案し、懲戒分限審査委員会（メンバーは、「処分案」を作った連中とほぼ同じ！）で可決していたのであった。何しろ、メンバーは、ほぼ同じなのだから、この委員会の会議録などというものは一度も存在しないんだそうである。そして翌30日の臨時教育委員会で、石原慎太郎都知事がそのお気に入りを任命している６人の教育委員による、とっても簡単な審議で、私の「公務員不適格」者としての分限免職は決定されていた。この議事録を開示請求してみたら、Ａ４でたった１ページ分の「審議」であり、しかもベッタリ墨塗りの内容なのでまったく分からない。

６人の教育委員は、委員長・木村孟、委員長職務代理者・鳥海巖、委員長職務代理者・米長邦雄（例の金銭・女性スキャンダルまみれの男、07年12月退任）、委員・内館牧子、委員・高坂節三、教育長・中村正彦である。

なお、私を「公務員不適格」と決定する過程で、私の「公務員」としての仕事ぶりを一番よく知る「本属長」である九段中学校の校長には、都教委は、ただの一度も事情聴取をしていない。「増田都子教諭が『公務員不適格』などということはあり得ない」という事実が明らかになったら困るからだろうと思われる。

生徒の手紙やメール

以下は、この年（06年３月）の卒業式への出席について、校長と相談し、出席を断念する代わりに、校長が読み上げてくれる約束で、生徒達に書いた手紙と、それへの生徒達からの返事である。通常の判断力があれば、私が「教員の資質欠落」とか「公務員不適格」とかなどということは「あり得ない」と判断できると思われる。

〈私から生徒への手紙〉

3年生の皆さんへ

こんにちは。皆さんの進路も「全員決まった」と聞きました。本当に、おめでとう！　実は、卒業式か、それでなければ式練習のときにでも、九段中に行き、直接皆さんの顔を見ながら心からのおめでとうを言いたいと、強い希望を持っていたのです。でも、校長先生とご相談して、もし、何かあって後味の悪いことになってはいけませんので、悔しくはありますが、断念し、校長先生に私の手紙を読み上げてもらうことにしました。

さて、9月1日から、いきなり皆さんと授業をできなくなって、もう半年近くが過ぎました。この、自由と民主主義の日本国憲法を持つ国で、未来の主権者である子ども達に歴史と社会の真実を伝えることをやめさせようとする人達がいることは、本当に残念です。現代は「悪代官と越後屋さん」の時代ではないはずなんですけどねえ。

中学校の歴史教育では時間に限りがあるため、「川井訓導事件（『訓導』とは戦前の名前で、今は『教諭』と言いますが、先生のことね）」とか「生活つづり方教育事件」とかは扱えないんですが、実は歴史を振り返ると、あのビデオ『侵略』『予言』の時代に向かう前、自由と真実・平和・民主主義を求める教育をしようとする先生達は、「悪い先生」として、やめさせられていった事実があります。

「川井訓導事件」について、ちょっと説明しますね。戦前の道徳の授業を「修身」と言い、天皇のために戦争で死ぬことが日本人として一番正しいことと教える、国が定めた国定教科書を使うことになっていました。川井先生は正面きって、そういう教育に反対したのではなく、ただ大正デモクラシーの風潮の中で、生徒に自由な教育をしたくて、その修身の時間に国定教科書を使わず、森鷗外の文学作品を使って、人間の生き方を考えさせようとしただけなんです。でも、「悪い先生」として、やめさせられました。「生活つづり方教育」というのも、生徒に自分の生活を作文に書かせて、しっかりと現実の生活を見つめさせ、精神の成長を支援しようとしたものなのです。でも、現実の生活をよく考えていけばどうしても社会批判・政治批判に結び付いていきますから、権力者達には気に食わなかったんですね。そして、自由にものを考え、間違っていると思うことを批判することは「悪いこと」として、ひどい拷問・弾圧が待っていました。だから、普通の人は侵略戦争に反対することができなくなり、あの無残なビデオ『侵略』『予言』の世界が、この世に出現してしまったのです。

歴史を学ぶのは、過去の過ちを教訓として未来に生かし、自分も歴史を作る主体として、より良い社会を作ることに参加し、自分も他人もともに充実した人生が送れるようにするためであると私は考えます。そのためには事実をきちんと知り、自由に考え、自由に自分の意見を発表し、討論することによって批判しあい、他人の考えも知り、自分の考え・意見をより豊かにしていくことが必要です。そのために紙上討論授業は、とても有効な方法だったのです。

残念ながら「それが気に入らない。生徒に自由な政治批判能力をつけさせることが気に入らない」という人々が権力を握っている現実があると私は思います。しかし、いずれ、そう遠くない時期に歴史の審判が下ると私は確信しています。地動説を唱えたガリレオ・ガリレイを「悪いやつ」ということにしたバチカンが、自分の誤りを認めてガリレオの名誉を回復させるのには、なんと、４００年もかかりましたけど、いくらなんでも、日本国憲法を持つ現代の日本では、そこまではかからないだろうと思っているんですけどねえ。

私は、どういう場合も「逃げない。隠さない。ごまかさない」で生きてきました。なぜなら、私は逃げることも、隠すことも、ごまかすことも必要のない真っ正直な人生を生きてきたと自信を持って言えるからです。もちろん、自分が間違ったときには相手が子どもであれ、大人であれ、誰であれ、心からきちんと謝ってきました。ですから、私は相手が子どもであれ、大人であれ、誰であれ「それは人間として、間違っている」と思うことに対しては、ハッキリと「それは間違っています」と言えるのです。そのために、こういう目にあっているのですが、全く後悔したことはありません。

民主主義社会では、これは、全く人間として当然のことだと思うからです。その意見が間違っていると思うなら暴力や権力を使って相手の口をふさごうとするのではなく、言論で、その過ちを指摘するべきなのです。相手の意見に対して、それが間違っていることを言論で証明できないので、暴力や権力を使って口をふさごうとするのは、人間としてあまりにも卑しく、下劣なことだと思います。皆さんは、そういう卑怯な人間にはならないでくれるだろうと信じています。

あなた達と過ごした1年半は、とても短かったですけれど、とても充実していました。紙上討論を通じて、どんどん成長していった皆さんを心から大切に、また、誇りに思っています。それで一つだけ、皆さんにお願いがあります。私はいつも3年生の最後の3月に「紙上討論を通して学んだこと」というテーマで意見・感想を書いてもらっていました。その頃になると1人でプリント1枚ぐらいの意見・感想を書く人がいっぱい出てくるので、私はそれを打ち込むのに死にそうになり、いつも嬉しい悲鳴を上げたものです。残念ながら、皆さんには3年生では1回やっただけで紙上討論は断ち切られてしまいましたけれど、できましたら、今の皆さんの意見・感想を手紙にして書いてくれたら嬉しいです。
最後に、あなた達のこれからの人生が、健やかで幸多からんものであることを心から祈っています！

２００６年３月14日

増田都子

〈九段中生徒からの手紙〉

＊こんにちは。お久しぶりです。お元気ですか？　こちらは元気です。私たちは、今日、とうとう卒業式を迎えました。卒業式に先生の姿が見られないのは、とても残念に思いますが、私たちは九段中最後の卒業生として、立派に卒業していこうと思います。

私が先生と出会ったのは、２年生のときでした。一目見て「優しそう」と思いました。授業中、私はよく手紙を書いてまわしたり、友達と喋ってばかりで注意されました。

紙上討論は、文章が苦手な私にとっては、とても辛いものでした。戦争や原爆のビデオを見たりして涙したこともありました。でも、そのときは大変でも、今、振り返ってみると、紙上討論のおかげで、自分の意見が言えるようになり、友達の考えを知ることができました。あれらのビデオを見たおかげで、教科書では学べない真実を知ることができました。先生の授業で無駄になったことは一つもありません。

１年半という短い期間しか授業を受けられなかったのはとても残念ですが、この貴重な体験を大切にし、将来、自分の子どもにも真実を教えられる先生のような人間になりたいと思います。いろいろと大変だろうと思いますが、どうか御体に気をつけて元気で頑張ってください。１年半、ありがとうございました。

＊増田先生、お久しぶりです。お元気ですか？　私は元気です。なぜなら今年の4月から、自分の行きたかった高校の学生になることができたからです。社会の先生への手紙に、こんなこと書くのもなんですが、私は社会はとてつもなく苦手でした。だからいつもテストの点数では平均点以下や平均点ぐらいしか取っていませんでした。だけど、私の行きたかった高校（都立）の入試ではとても良い点数を取りうれしかったです。

話は変わりますが、今日、3月17日に校長先生が増田先生の手紙を読んでくださいました。内容は紙上討論をやっていて思ったことや、卒業式に出席できないということを聞きました。私はその話を聞いて「そんなことを思っていてくれたんだぁ……」と感激している気持ちと「明日、3月18日の卒業式に来てくれなくて残念だなぁ……」と悲しい気持ちが入り混じっていました。

増田先生と私たちが過ごしたのは約一年半です。その約1年半の中にいろいろなことがあったと思います。2年の軽井沢へ行ったとき、増田先生が登山の魅力をおっしゃっていました。3年の修学旅行では「日本国憲法前文」の暗唱を、増田先生を呼んで暗唱していた生徒達の姿など今でも覚えています。

私の社会の授業での思い出は紙上討論です。それはいろいろな人の意見が読めたり、自分でいろいろな意見が書けてうれしかったです。もう増田先生の授業はないし、私たちは卒業してしまいます。今、思うと「しっかり授業聞いとけば良かったなぁ」と後悔しました。

最後になりましたが、増田先生、社会科の勉強や社会科以外の勉強など教えてくれたりして本当にいろいろとありがとうございました。私は増田先生から学んだことを生かしていき、立派な社会人になりたいと思います。本当にありがとうございました（まとまりのない文章で本当にすみません……）。

＊増田先生とは1年半のお付き合いでその1年半、たくさん迷惑をかけてしまい、すみませんでした。社会の苦手な私にも、再テストや補習の時間を設けてくれ、増田先生には感謝しています。また、社会の授業で行った紙上討論も、自分のためになったと思います。自分の名前を公表しないので、意見が書きやすかったです。私は、紙上討論を通して、一つのものに対し、さまざまな意見があるということがわかり、その一つのことから、さらに意見をふくらますことができたと思います。

約1年半でしたが、増田先生に出会えて本当に良かったと思っています。今まで、ありがとうございました!!

「紙上討論」で社会科が好きになった

＊増田先生、お久しぶりです。僕たちは今日、いよいよ卒業式を迎えます。非常にうれしい気持ちと悲しい気持ちとが入り混じって、とっても変な感じがします。うれしい気持ちは、高校に進学できることで、悲しい気持ちは、この学校を離れ、さらにこの学校自体がなくなってしまうということだと思います。でも、この卒業式に、増田先生がお見えにならないことも、すごく悲しいです。今となっては、増田先生の授業も、増田先生の説教（？）も、増田先生の話し方すらも、なつかしく思えてきます。

しかし、先生の紙上討論が一番なつかしいです。最初は全然意味が分からなくて、なんでこんなことしなきゃならないんだ!!　って感じだったんですが、時がたつにつれて、だんだんおもしろくなってきて、紙上討論の時間がとても楽しみになってきていました。意見を率直に書けるのが、とても気楽でよかったです。

でも、そんな紙上討論も、今日で終了してしまいます。僕は増田先生と過ごせた1年半を忘れようとも忘れられません。今後も、機会があれば連絡お願いします。こちらからも、お手紙を出せたら出します！ いつまでもお元気で……。

＊1年ちょっと、という短い間でしたが本当にお世話になりました。先生のおかげで今までやる気のなかった社会がとても好きで楽しい科目となりました。先生の紙上討論は始めのうちは慣れてなくてあまり好きではなかったけど回数を重ねるうちに紙上討論のすごさを知りました。先生が最後まで3Cの副担任でいられなかったことがとても残念です。

でも、増田先生には底知れぬすごさがあって、私はそれを尊敬しています。いつか機会があったら顔を見せに行きたいです。今まで本当にありがとうございました。これからもお体に気をつけてください。

＊3月17日の学年朝礼で、増田先生のメッセージを校長先生自ら読んでくださいました。この手紙は18日に届くらしいのですが、私たちは今日、卒業します。そして九段中学校に戻ってくることは二度とありません。なぜなら九段中学校は、もう、無くなっているからです。

増田先生には、1年間と少しの間お世話になりました。最初に「紙上討論」という形式に出会ったとき、全く考えもしなかった方式に、少なからず驚きました。今もそれは変わっていません。何回も行われたそれは、私にいろんなことを教え、自覚させてくれました。

自分の意見を他人とぶつけあうことの気持ち良さ、それに自分の意見に責任を持つことの重大さなどです。名前が無いからと思って、中傷的な意見を書いている人もいました。それを見て私は「他人のふり見て我がふり直せ」という言葉を噛み締めたのでした。

そんな充実した日々の中、いきなりのことでした。増田先生が学校に来ることができなくなってから「増田先生に教えて欲しかった」「増T～～(>_<)」という声を聞くことも少なくありませんでした。

私達はあれからいろいろなことを乗り越えてきました。苦しいこともあったけれど、今は文句なしに３Cが一番！ だと思っています。

九段中を卒業するにあたって、増田先生にこうしてお手紙を書く機会を与えてくださった校長先生にも、増田先生にも、とても感謝しています。

九段中のみんな、そして増田先生に。本当にありがとうございました。

＊増田先生、お元気ですか？ 私達3年はとても元気です。そして3月18日に卒業となりました。増田先生との出会いは2年のときだったと思います。増田先生にとって2Aはとってもうるさかったと思います(笑)。そして3年になって……初めて（？）の学年朝礼で私と○○君の名前をみんなの前で言って怒ったことを覚えていますか（笑）？ あのときは、本当に嫌な思いをしましたが、今ではいい思い出となっています。増田先生は時には厳しい先生でしたが、生徒思いの優しい先生だったです。約2年間お世話になりました。そ

して、これからも生徒思いの優しい先生でいてください。あと、テストはもうちょっと見やすく作ってください（笑）。本当にありがとうございました。

＊増田先生、お元気ですか？　私たちはもうすぐ卒業式を迎えようとしています。卒業式の日に増田先生にお会いできないのが残念です。増田先生には1年間とちょっとの間、社会科を教えていただきました。中でも一番印象に残っていること、それは「紙上討論」です。私はずっと自分の意見を言うことが苦手だったので、始めはあの白い紙に書くことにとまどっていました。みんなで、意見を読み合いアンダーラインを引く作業も正直嫌でした。しかし、回を重ねるごとにたくさんの人のいろいろな考え方が出ている意見を読むのが楽しくなりました。とても参考になる意見や共感できる意見、自分と正反対な意見など、いろいろな人の意見を読むことで学んだことはたくさんあったし、だんだんと自分自身の意見を持つこともできるようになりました。紙上討論をきっかけにして社会に興味をもつようにもなったりしました。

とにかく、私は紙上討論を通して学んだことはたくさんあります。紙上討論を否定する人もいたけれど、私は好きでした。紙上討論を否定する人にもその人なりの意見があるので、悪いとは言いませんが、やっぱり「自分の意見を持つこと」はとても大切なことだと思います。そして「その意見を素直に文章に表す」ことも大切なことだと思います。紙上討論はその二つのことを自然と実行させてくれました。大人になる前にこういう経験ができて良かったです。大人になったら、きっと自分の意見が求められる機会が多くなると思っているからです。私はそんなとき、自分自身の考えをしっかり持っていられる人間になりたいです。紙上討論という良い機会を作ってくださってありがとうございました。

そして約1年、短い間だったけれど本当にお世話になりました。増田先生に社会を教わることができて良かったです。ありがとうございました。これからも、お体に気をつけてお過ごしください。

＊お久しぶりです。お元気ですか？　今日、卒業式の練習の後、校長先生が、増田先生のお手紙を読まれて、先生が、私たちの卒業式に最後まで出たいといってくださったこと、明日までに、増田先生宛の手紙を書けば、先生の元に届くと聞いて、すぐにお手紙を書こうと思いました。明日の卒業式、実は、すごく緊張してるんです……。文が変になっても許してください(笑)。そうだ！　先生に報告したいことがあるんです！　今日、通知表を受け取ったのですが社会、「5」でした！！！　前回のときも「5」をもらえたんです。この前の休み明けテストも100点でした。これは本当に増田先生のおかげです。
私は、社会があまり好きではなくて、歴史も興味を持てなかったのですが、増田先生の紙上討論をしているうちに、みんなの意見を聞いて、自分の意見も、しっかりとした意見を持ちたいと思うようになり、積極的に勉強するようになりました。本当に感謝しています。ありがとうございました。あと、高校も決まりました。○○区にある学校で帰国子女を受け入れる○○大学付属高校です。私のように非英語圏からの帰国子女も、たくさんいる学校です。受験科目に社会はありませんでしたが、先生のおかげで、自分には公民が合っている、自分は公民にすごく興味があって、公民を勉強したいんだ、ということが分かったので、入学してからも公民を選択しようと思っています。

今まで、自分は帰国子女といっても、○○○○なので、英語が特別話せるわけではないし、自分の経験はあまり役に立たないのではないかと思っていたのですが、公民の授業で世界のことを勉強しているうちに、○○○○での生活で見てきた貧しい人達の生活はめったに見られないものだし、この経験は今すぐに、とはいえなくても、将来、何かの役に立つことがあるかもしれないと、考えるようになりました。

こうして考えてみると、増田先生の授業や紙上討論が、私のこれからの人生に大きな光を作り出してくれたのかもしれません。先生が九段中からいなくなってしまってから、ずっとずっと、いつ帰ってこられるのかなと、いつも待っていました。でも、結局、最後まで、先生のあの笑顔を見ることができないと知り、とても悲しくなりました。

インターネットで先生の名前が出ているページを見つけ、先生が、私たちに、授業のたびに見せてくださった笑顔を真剣なまなざしで、多くの人の前で、お話されている写真を見て、お元気そうで本当にうれしかったです。私にはお手紙でしか先生への応援はできませんが、もし、先生が、お時間に余裕があったら、返事をいただけたらうれしいです。いろいろと、お忙しいと思うので、無理はしないでください。明日、がんばります。

「免職処分」を知った生徒からのメール

＊増田先生、返事が遅れてしまいごめんなさい。

先生の処分の話を聞いて本当にびっくりしました。教育委員会は生徒の何を基準に先生を「悪い先生」と決め付けているのかよくわかりません……。でも、先生に宛てられた励ましのメールを見てこんなに先生のことを応援している人がいるんだと分かって、本当に嬉しく思いました。九段の生徒の中にも同じ考えの人がいてよかったです。

今、教育委員会の処分の話を聞いて自分のことのように悔しいです。先生が悔しいときはその悔しさを分け合えるように先生が悲しいときはその悲しみを分け合えるように、いつも応援しています。先生も私達がいつも応援しているということを忘れないで、嬉しいことがあったらその喜びを分けてください！　これからも納得のいかないことに断固として戦って正義を貫いてください！！！

＊なんで増田先生がクビなんですか⁉

おかしいじゃないですか！　なんで○○君のお父さん１人の苦情で増田先生がこんな目にあわなきゃいけないんですか？　都教育委員会はどうかしてます！　石原慎太郎はなにしてるんですか？　先生の教育のどこが悪いんですか？　正しいことを教えようとしているのに！　過去の過ちを認めないどころか肯定しようとする都知事をどうして一千万都民は支持するのでしょうか？　みんな騙されているだけです！　もっとこの問題が大きくなればさすがに頭の悪い都民でも、都知事のバカさかげんがわかるでしょう。僕は応援しつづけるのでこれからも頑張ってください。

これらの手紙やメールほど、私を励ましてくれるものはなかった！　これらの手紙やメールは、私の「免職」が私の「公務員」としての適格性に問題があるのではなく、東京都教育委員会にこそ問題があることを証明してくれている。

06年6月14日、都議会本会議において伊沢けい子都議が都教委を追及してくれたが、都教委は、国際・国内の常識である大日本帝国による明らかな侵略戦争を認めなかった。伊沢都議は、政府見解を出して「日本は侵略戦争を行ったことを認めるか」と都教委に答弁を迫ったが、中村正彦教育長が答え得たのは、「政府見解に都教委はコメントする立場にありません」だった。

あのアジア太平洋戦争を「自衛の戦争」と記載する扶桑社歴史教科書を使って、この国の未来の主権者である子ども達に、偽造された歴史を刷り込むことをたくらんでいる都教委には答えることができないのである。だから、私のように憲法・教育基本法に基づいて、侵略と植民地支配の歴史事実、憲法原則をしっかりと教える教師を教育現場からなんとしても追放したくて、やっとその執念を実らせたのである。

第５章　海外の人々の反応

著者への処分を大きく報道する韓国 KBS テレビ

日本の報道と海外の報道の違い

生徒達にノ・ムヒョン大統領演説を教材として教え、扶桑社「歴史偽造」教科書と、右翼都議の公的場における侵略否定発言を、「歴史偽造」と批判して生徒に教えた社会科教員がいたこと、そのために都教委によって「公務員不適格」として免職処分されたという事実を、日本では批判的にきちんと報じたマスメディアはなかった。

真のジャーナリストである鎌田慧氏は、『週刊金曜日』06年5月12日号に、斎藤貴男氏は雑誌『創』06年6月号に書いてくれたが、いかんせん、これらはマスメディアとは、ちょっと言えない。もちろん、マスメディアでも右翼偏向と定評のある産経新聞や『週刊新潮』は大喜びで「やっと偏向教師をクビにできたぞ」と報じたが……。

この、教育内容そのものを問題としての免職処分は、東京都教育委員会発足後60年余りの歴史上初めての事件である。「正しい歴史認識」を指導した教育内容を、教育行政が「間違っている」などと問題視して免職処分するなど、教育行政に対して「教育への不当な支配」を厳禁した1947年版教育基本法第十条にモロに!? 違反する。にもかかわらず、「権力の濫用・暴走をチェックし監視する」というジャーナリストの本来の仕事をするものは東京にはいないらしかった。関西のある新聞記者は、「関西でこんなことが起こったら、教育委員会に対して批判的な記事を書かないでいることなんて考えられない」と言っていたが。

しかし、韓国や中国、アメリカのジャーナリストの反応は、さすが……だった。「真実を教える、という当たり前のことをして授業を取り上げられ、『長期研修』という名の強制収容所送り」はおかしいとする、本来、ジャーナリストであるなら、当たり前の感覚で記事にしてくれた。

人民日報の報道

中国の人民日報は、以下のように報じてくれた。

学生に真実の歴史を教える 日本の女性の教師は研修を強制的に命令される

同紙駐日本特派員 曹鵬程　２００５年９月７日

9月1日、日本は新学期の1日目を迎えたが、千代田区九段中学の増田都子先生は授業をしにいくことができなかった。東京都教育委員会によると、彼女は〝公人を誹謗中傷した〟と戒告処分となっている。55歳の増田さんは中学の先生になって、既に32年。九段中学を入れて、四つの区の公立の中学で担当し教えてきた。増田先生は初めて処分を受けるのではなくて、〝前科〟があった。足立区の12中で、彼女の教えた学生が国歌《君が代》を歌わなかったためだ。足立区の16中で、彼女は教室で沖縄の戦争と米軍の沖縄の現状を教えたことが〝反米の教育〟のためとして減給処分され、授業を奪われ2年。その後九段中学で復職して、今度は第3回目の処分を受けるのだ。

◎〝紙上討論〟は本音を言える

8月31日午後5時、記者は、ちょうど校長から研修が増田先生に通告されたばかりの時に会った。処分の内容は給料を減らす以外、授業も休講しなければならなくて、東京都教育委員会のする教師の養成訓練班の〝研修所〟に行くことだ。

以前、《朝日新聞》の記者が電話をかけて増田先生に処分のことを尋ねた時、彼女はまだ研修のことを知らないでいた。しかし31日朝、《朝日新聞》、《読売新聞》と《産経新聞》などのメディアは次から次へと増田処分のニュースを報道していた。当日の午後3時、校長が千代田区教育委員会から正式に命令を強制することを聞いた――必ず増田を処罰しなければならない。授業をすることができない増田先生は憤慨して記者に言った。〝学校、校長と学生の意見を考慮しないで、当事者の教師の処分の決定を作り出して、その上、当事者には伝えないでメディアには伝えるなんて、日本の教育界は本当に終わっている。〟

九段中学は430名いて、増田先生が教えるのは中3の社会科の公民授業で、110数名の学生である。日本の民主的な平和憲法の由来を教える前に、彼女は各種の教材を使って教育を行って、それによって学生達にもっと良く近現代史を理解させる。これは6部分の内容を含む。一つは明治の時期の日本の富国強兵の政策を考えて、日本の資本主義が外に拡張していくこと。二は天皇制と軍に対する指導権を強化していったこと。三は戦争の映画あるいは記録映画を見せる。これには日本軍の南京大虐殺と731部隊の《侵略》を描写しているものを含む。また、インドの人民がイギリスの植民地統治に抵抗することを描写し、ヒトラーがユダヤ人を殺戮することを描写する記録映画も。四は戦争の責任を考える。日本の第2次世界戦争の時期の歴史、戦後の国際評価を紹介することを含む。五は今の日本の憲法を考えるもので、自衛隊、安保、靖国神社、教科書検定制度などが中心。六は近代的な日本の社会を考えるもので、日本の戦後の平和なルート、経済の奇跡を含んで、学生を励まして歴史は、平和な豊かな日本などを建設することをしっかり覚える。
すべての部分の学習が終わった後に、増田先生はいずれも討論のテーマを出して、みんなに自分の感想を紙の上で書かせる。彼女はこのような教育の方式を〝紙上討論〟と称する。

◎真実な教育は良好な効果を受け取る

１９９７年、増田先生は長年教室の上で収集する〝紙上討論〟の発言を整理して本にした。『中学生マジに近現代史』(ふきのとう書房)という。記者は、この本を読んだが、歴史の真相を理解したことを発見した後に、学生達が書く発言はたいへん人を感動させる。その中の1人の子供が記録映画《侵略》を見たことがあった後に書く。〝日本軍はまったく悪魔だった。その前の数日間はヒトラーのビデオを見たことがあったが、彼らはヒトラーより更に悪くて、日本人の恥辱だ〟子供はこのように書く。〝政府と私達の家長である天皇はどうして過去の侵略戦争の事実を隠すの？　お母さんは、「子どもは、そんなことを知らないほうがいい」と私に対して言うけど、私達は未来を担っているのだから、私達は歴史の真相を知る権利と義務がある〟

記者は、近代的な日本の社会の真の部分の討論をする中で、ほとんどの学生はすべて過去の侵略歴史に対してはっきりした認識ができたことを発見した。そしてだから自信満々で未来に対していけるので、少しも子どもの卑屈な結果を招くことはありえない。子ども達は、右翼のいわゆる〝自虐史観〟にはなっていない。真実な歴史を述べると同時に、増田先生は、また常にアジアのその他の国家の態度を紹介する。彼女の授業の資料の中で、記者は韓国の大統領の盧武鉉が3・1演説で日本が歴史を正視して、韓日関係を改善することを呼びかけていることを見た。

それだけでなく、また人民ネットの日本語版の上から彼女がダウンロードした2編の文章を見た。それは外交部のスポークスマンの秦がちょうど靖国神社の問題の発言をしたこと、中国の駐日大使の王毅の発言だ。今年6月、〝韓国の大統領へ手紙を送る〟を題にして学生に討論させて、整理する検討結果の中で、増田先生は、東京都のある議員が「日本は一度も他国を侵略したことがない」と演説したことと、扶桑社の歴史の教科書は「自衛の戦争」など列挙して公言していることを、増田先生は彼らを〝歴史を偽造する〟と称して教えた。東京都教育委員会は、まさに、これを口実として彼女が〝公人を誹謗中傷した〟として処分した。

◎校長と同僚は同情

九段中学は東京都で1945年に創立した著名な名門校で、靖国神社までとても近い。記者が取材する時、夏休みは最後の1日だった。学校の中はがらんとして、何人かの先生とは校門で口頭で話した。

記者が取材する時気づいたが、九段中学の校門の上に1匹の大きいミツバチのマークが刻んであった。増田先生は記者に教えて、これは学校のシンボルで、意味（意図）は子供達にミツバチのように努力して、勤勉な仕事を学ぶように励ますということ。実際には、九段の中学の学生の学習成績はずっととてもよくて、増田先生の〝紙上討論〟は、ここでとてもよい効果を受け取って、学生達が歴史学習の情熱を学ぶのはとても高かった。校長と先生達もこのような教育の方式を支持し同情した。

増田先生の紹介によると、先生達は８割が裁判所に対して、〝決定が慌ただしく他の先生を手配することができない〟と増田先生に帰ってきて授業をさせて欲しいと申し出た。

記者が増田先生に日本の教育を話してもらう時、増田先生は泣きじゃくり始めた。５分を過ぎて、彼女はやっととぎれとぎれに言う。〝先生が子どもに真実な歴史を教えることを許さないなんて、これが日本の今の教育の最大の問題だ。歴史の内容が自分の国に都合が悪くても、すべて事実を尊重するべきで、ただ真実を教えるのが教育の生命なのだ〟

ハンギョレ新聞の報道

韓国のハンギョレ新聞は、05年10月24日に以下のように記事にしてくれた。

ノ大統領〝3・1節記念辞〟教えて懲戒された増田教師〝歪曲された歴史教育悲劇呼ぶ〟

朴重言記者

増田都子（55）は32年経歴のベテラン女教師だ。東京都内靖国神社近くの九段中学校に歴史教師で在職中だ。しかし彼女はこのごろ学校ではなく目黒にある東京都教職員研修センターに出勤する。指導主事の監視の中で、壁に向けた机に座って一日中報告書を作成するのが彼女の日課だ。彼女は去る8月末、都教育委員会から戒告処分とともに研修処分を受けた。

増田教師が授業を剥奪されたきっかけになったことは、ノ・ムヒョン大統領の3・1節記念辞だ。当時日本の言論人たちはこれを〝韓国国内用〟と報道した。ところが良心的日本人たちの間では、日本の真正なお詫びと賠償を促した記念辞の真意をまともに理解しなければならない、という話とともに演説文全文がメールを通じて広がって行った。増田教師は韓日のすぎ去った事をまともに教えるために、授業時間に学生達に、この記念辞を読んで意見を書くようにした。

増田教師は〝紙上討論〟という独特の授業方法を使ってきた。2、3カ月に一度ずつ学生たちが学んだ内容に対して文を書くようにして、この文と参照資料を集めて印刷した後、また配る。意見文を通じてお互いの考えを比べて見られるようにするという意味で紙上討論だと名付けた。3・1節記念辞とガンジー、原爆、戦争責任などが素材だった。

◎名誉毀損・信用低下が理由　88年長崎市長狙撃事件に反省　相次ぐ処罰にも〝私たちは勝利する〟と

〝日本人達も拉致問題などで苦しいが、韓国人達は、それ以上に傷ついたと思います。睦まじい両国関係のためには明らかなお詫びが必要です〟〝率直にお詫びをすることができないことは日本の政治家達です〟紙上討論に出た学生達の大体の意見だ。

この印刷物を見た右翼性向の父兄が都教育委員会に〝申告〟したため問題となった。都教育委員会は印刷物に載せられた〝ノ・ムヒョン大統領に送る手紙〟という増田教師の文章に文句をつけた。そこには「日帝が周辺国を侵略した事実がない」という都議会文教委員の妄言と扶桑社歴史教科書を「歴史偽造」と批判した文章が入っている。都教委は、これの言葉尻をとらえて、「増田教師が彼らの名誉を毀損して教師の信用を落とした」と懲戒処分を下した。

増田教師は〝侵略不正を「間違った」と指摘したのが、どうして懲戒事由にすることができるのか〟と〝この処分は、紙上討論のような方式で、子供達に真の歴史を教えることを阻もうとする意図〟と駁した。彼女が紙上討論を始めたのは１９８８年あたりだ。当時、昭和日王の戦争責任を主張した長崎市長が右翼に狙い撃ちされる事件が発生した。増田教師は「歴史をまともに教えなくて、こんな悲劇を生んだ」という自己反省をして、相当な努力が必要なこの方法を考え出した。

初めには学生たちも煩わしがった。2、3行書くのが精一杯だった。時間が経つと学生たちは自ら興味を見せ始めた。他の友達の考えを参考にするだけでなく、自分の考えを整理し、意見を作り上げる自分の成長に自信を持った。97年、彼女に学んだ卒業生代表は卒業の答辞で〝増田教師の紙上討論は大いに助けになった〟と言って彼女の心を感動でいっぱいにさせた。彼女は、この卒業答辞をコピーして最高の宝物としておさめている。

「研修」という名前の処罰は彼女にとって初めではない。紙上討論内容が問題になって、もう99年9月から2年半の間苦痛を経験した。学校に復帰してから3年半ぶりにまた同じ境遇に置かれたのだ。「手に負えない闘いを、やめたくないのか」という問いに、彼女は楽しんで歌う歌で返事の代わりをした。彼女がベトナム戦争反対運動が盛んだった大学時代学んだ歌〈WE SHALL OVERCOME（我らは勝利する）〉であった。

韓国のテレビ報道

このハンギョレ紙の報道を見て、韓国文化放送テレビ（MBC）は、以下のようにドキュメンタリー番組を作って報道してくれた（05年11月18日深夜放映、実際は、19日、午前0時～、カッコ内は、増田の補充）。

ワールド・ワイド・ニュース、日本より「ノ・ムヒョン大統領への手紙」事件

・キャスター

エイペック通常会談も終わりました。日本の小泉総理は会談のために訪韓中です。しかし、韓日の政府高官の今回の出会いも、韓日間で正常化されていない歴史的問題の解決に結びつくかは、依然として疑問です。小泉総理の右傾化の傾向が日毎ひどくなっている様子が懸念されているためです。

去る10月末、東京都教育委員会で懲戒処分を受け、6カ月間教壇に立てない1人の女性教師が（有楽町の外国特派員協会で）記者会見を開きました。（MBC日本特派員の）オ・サン・クァンが彼女に会ってきました。彼女が受けた懲戒処分の理由は驚くべきものでした。それは、ノ・ムヒョン現大統領に送った一つの手紙からでした。

（音楽……増田の出勤風景）

・東京目黒の研修センターまで千葉の自宅からバスと電車を乗り換え、2時間近く立ちっぱなしで出勤する増田先生の身体は、すでにクタクタになっています。そして、そこまで向かう足取りが重くなるのには理由があります。

（増田の言葉が入る）

・午前9時から午後5時45分まで、本を読みレポートを書く単純で統制を受ける生活、自由に動けるのは12時の昼食時間だけです。それも12時15分にならないと外出できないので、屋上に上がって軽く体操をし、その時間に出かけます。

　昼食時間45分の短い自由!?　昼の45分間、彼女は1人で小さな公園を見つけ簡単に昼食をすませます。

（増田の公園での昼食風景……インタビュー）

・中学校で社会科の歴史を教える増田先生は、生徒達が歴史と社会現象について自分なりの考えを持てるよう紙上討論という授業方法を用いています。一つのテーマを決め、生徒が意見を書き、それを集め、お互いの意見を比較します。原爆問題、日本の戦争責任というかなり重い問題を扱うのですが、3月にはノ大統領の3・1記念演説を紙上討論のテーマにしました。

（大統領演説を扱った理由を増田が語る場面）

・（増田先生は）生徒達が（大統領の）3・1節記念演説を読み、「ノ大統領へ送る手紙」というテーマで、作文を書くようにしました。

もちろん彼女も大統領宛手紙を書いたばかりでなく、(生徒達の手紙とともに)その手紙も東京韓国領事館に送ったのです。ところが彼女の手紙の内容に「(東京都議会で)石原都知事(の仲間の都議会議員・古賀俊昭)が〈日本は他国を侵略したことがない〉と言った」ということで、実名を挙げた部分がありました。

増田先生が通っていた九段中学校は靖国神社から100メートル離れた場所にあります。(靖国神社奉賛会会員である)保護者の1人が子どもの持ち帰った(紙上討論のその)プリントを見て、教育委員会に報告し、それが懲戒処分の対象になったのです。

(千代田区教委の、たぶん、赤井指導課長の電話インタビューが入る)

「増田先生が、自分の意見・私見を子どもに語ったことが問題だ。『(古賀都議や扶桑社教科書は)けしからん』と」

(侵略否定の妄言を批判する自分の意見を生徒に教えたなんて、「けしからん!!」というわけ……これは、処分&現場外しの処罰に値する悪事だ、と、赤井=都・区教委は言うのである……増田)

・増田先生に対して同僚教師の80%以上が支持を寄せ、研修処分の取り消し審査を裁判所に申し立てましたが、裁判所は却下しました。

(増田の語り「(裁判所の研修取り消し判決を得て)正義が勝ちました」と生徒に教えたかったんですけど)

・しかし、彼女は「教育委員会は自分の大統領宛手紙を処分の理由にしているけれど、それより深刻に受け止めなければならないのは、生徒達の意見の文章である」と言います。(真の処分理由は、教育委員会や右翼が)

隠したがっている日本の過去を生徒達が直視していることだったからです。

（増田の語り「極右の石原知事と東京都教育委員会と右翼の都議会議員が……」）

・東京都教育委員会は、２００３年10月、学校行事のおりに国旗掲揚と「君が代」斉唱の義務化を強制しました。その後、歌わなかったり立たなかったりした、という理由等で教師達を懲戒処分しました。２年間に数百人が処分を受け、それに対して彼らはその処分取り消し等の裁判を何回も行っている、という状況です。

（日の丸・君が代、不起立解雇訴訟の方へのインタビューが入る）

・ところで、東京都の（教師に対する）処分が多い理由は、６名の教育委員会の委員の全てを石原都知事が（自分と同じ考えの人物を）指名するためです。

（『市民の党』の都議会議員、伊沢けい子さんへのインタビューが入る）

・紙上討論授業の内容問題に関して、すでに99年からの2年半という間、研修処分を受けた彼女は、授業を通して生徒達の考える力が育っていく姿を見る時が一番嬉しいと言います。そして１９９７年の卒業式で１人の生徒が読んだ卒業の言葉（これは生徒達の卒業式実行委員会が「３年間で一番、印象に残っていること」というアンケートを取って「紙上討論で、とても成長できた」と書いてくれたもの！……増田）が彼女にとって最高の宝物だとも言っています。

１日も早く学校に戻りたい彼女は、最近、いろいろな集会を回るのに忙しいです。日本の言論界・マスメディアと裁判所が、何の助けにもならなかったから、自ら立ち上がり、集会で自分の悔しさとやり切れなさを訴えているのです。

（増田の全労協の集会での発言風景が入る）

・現在、闘いが繰り広げられている中で、彼女が一番慰められたのは、生徒達からの激励のメール・手紙でした。彼女が早く教壇に戻りたい理由も、また、その生徒達のためです。

（生徒のメールを読み上げる増田の言葉が入る。「私は、〈増田先生の代わりの先生〉ではなく、増田先生に教わりたいのです」……増田、涙……）

・キャスター

生徒達の正しい歴史認識を育てるための1人の教師の努力が「教権剥奪」という結果に及んだこの事件を見て、日増しに右傾化に向かっていく日本社会の一断面を見ているような感をぬぐえません。増田先生は、すでに2回も同様の懲戒処分をうけているのです。

「なぜ、そうまでして苦しい闘いをするのか？」という問いに、彼女は「生徒達に真の歴史と真実を学ばせることが教師として生きていく自身に課せられた至上課題だ」と言います。

米国新聞の報道

米紙『クリスチャン・サイエンスモニター』は、以下のように報道した（05年11月22日付）。

東京の教師、戦争の歴史について、論陣を張る

東京都議会議員が『朝鮮への侵略はなかった』と言ったことに対し、この教師は、異議を唱えている（ロバート・マルクアンド『クリスチャン・サイエンスモニター』のスタッフ)。

増田都子は、公立学校で23年教職(注1)に就いているベテランである。彼女は、多くの同年代の日本の歴史の教師と同じように「第2次世界大戦の犠牲者としての日本」という立場から書かれた新しい教科書が嫌いである。

彼女は、開戦の原因をアメリカだと主張する教科書が都立中高一貫校で今回採択されたことに心を乱されている。増田は、東京の公立学校の全ての民族主義的な方向を否定する。

しかし、去年まで、自分自身を、「ごく普通」と呼ぶ増田は、滅多に、自分の独自の方法で異議を唱えることはしなかった。ほとんどの教師は、しないことだが。だが、公の会議で、ある都議会議員が、日本は朝鮮を侵略したことはなかったと述べた時、彼女の歴史のクラスで、ノ・ムヒョン大統領に対して、謝罪(注2)の意を表す手紙を送った。その行為が、彼女が教室から引き離されるという結果を引き起こす事になるのだが。

アジアにおける戦争に関する論議は、いまやもっとも重要かつ核心の問題になっているので、この12月のノ・ムヒョン大統領の訪日拒否の理由として、韓国が引き合いに出したほどである。外交的な争点から言うと、この増田の件は、日本の首都である東京の日常生活の細目にどのように、民族主義的な政策が忍び込んでいるかということを示している。

彼女のその社会のクラスは、ノ・ムヒョン大統領に、謝罪(注2)の手紙を書き、東京の韓国大使館に送った。その表書で、増田は「古賀俊昭議員の発言は、客観的な歴史水準からみると、恥ずべきものである。悲しい事に、この国の首都東京の議会では、こういう人達が、意気揚々として、存在することができる」と書いた。

このクラスは、韓国大使から返事を受けることはなかった。しかし、増田は、東京都教育委員会（都教委）から、返事を受けた。彼女のノ・ムヒョン大統領への手紙は、靖国神社支持団体に見つけられ、東京都にクレームを付けられたのだった。古賀都議が公の場で、（上記のようなことを）話す一方で、増田に対しては、手紙に彼の名前を繰り返したことが、不適当で、それは公務員法に違反することであると言われた。

増田は、今、公務員の規則を研修するという名目で、小さな部屋で一日過ごす事を強いられている（それは、彼女は「大きな屈辱である」と言っている）。彼女は、そのことに対しても、裁判で闘おうとしている。

増田のこの経験は、日本の民族主義者の力が、東京において、増長していること、そして、その影響が草の根のようにはびこっていることを示している、とある分析者は言う。

例えば、「超民族主義者」の支持を受けている安倍晋三は、現在の指導者小泉純一郎が来年9月に退任する後、彼を継承する地位にいる。

安倍は、巨大人口を持つ東京の都知事石原のように、過去の歴史を書き換えることによって、誇り高い日本の回復を求める「つくる会」教科書の支持者である。

石原は、彼の立場で、直接に、都教育委員の6人のメンバーを任命した。東京都の学校においては、1930年代のように、子ども達に、天皇や靖国神社参拝を支持する教育委員や日本の中国・朝鮮侵略に言及しないカリキュラムに忠誠を誓わせる、という考えが反映している。

増田は、彼女の意見として、何があっても、生徒に嘘を教えることは悪いことだと主張している。真実を言うことが、自分の仕事であり、自分が生きていることだと感じている。自分が、好まない何かが、忍び寄っていると感じられる時、私は、それをはっきりしたいと思っている。もし、あなたが、そうしたいなら、きっと、それは、誰かにとって、よいことになるでしょう、とも。

私は、過去のことを説明し、教えている。しかし、私は、今、それをする歴史教師の仕事を停止させられている。彼らは、管理的な研修をしていると言うのだが。

インタビューにおいて、増田は東京都議会メンバーの公的文書の言葉を読み上げた。それは、日本の侵略戦争という捉え方を不適切であるというものである。

「日本は、かつて世界のいつ、どこで侵略をしたというのか？　私は、もう一度尋ねたい。いつ、どこで、どの国へ――」

先週、韓国で行われたＡＰＥＣサミットで、小泉首相とノ・ムヒョン大統領は、個別に会談したかどうかもはっきりしなかった。韓国大統領（ノ・ムヒョン氏）は、小泉首相に、靖国神社参拝と「つくる会」教科書に擁護的であることに対して、はっきりした見解を出すように迫った。

小泉首相は、戦争犯罪人の遺骨がある靖国神社への参拝について説明しようと試みた。それによると、「靖国神社参拝は、再び戦争をしないという理念を表したものである」という。朝日新聞によると、それに対し、ノ・ムヒョン大統領は「あなたの感情をどんなに肯定的に説明しても、韓国の国民は、決して受け入れないだろう」と言った。

増田は、現在の試練の最初は、幾人かの仲間の教師が支援してくれたと言った。しかし、その後、やめてしまった。彼らは、学校での自分の地位を失うことを恐れている。

今、増田は、彼女の言い方をすれば、カフカの作品の中で使われる言葉のような場所、東京都教職員研修センターに、レポートを出さなくてはならない。

増田は、少し頑固で少し左派のようだが、世界中の中学教師の教育方法の詳細に精通しているように見える。話題が教育になると、彼女は、すぐさま、輝きを増した。彼女のクラスは、日本の公教育の現場では、ほとんどないクラスである事を誇りに思っている。彼女は、「紙上討論」という実践の場で、生徒が「独自の」結論に到達していく方法を彼ら自身に求めている。「紙上討論」では、広島やイラクというような話題を取り上げている。

昨年は、テレビのドキュメンタリー番組を見せた。それは、韓国の従軍慰安婦の問題を日本のテレビが取り上げたものである。これは、どのように、日本の政府が中国で、売春宿を建て、どのようにアジアの全てから女性を無理矢理、そこで働かせるようにしたか、という内容である。

戦争時の侵略についての日本の責任ということを教えたために、圧力を加えられている教師達は、現在、東京において、過去の時代にマルキストがされたように、ますます強くタガをはめられてきている。

増田の件は、東京の報道機関によって、単なる「中傷」の問題として取り上げられている。その例として、ある経験豊かなジャーナリストは「東京の朝日新聞(注3)は、増田が政府や教科書出版会社を中傷した理由で、職務停止されているという取り上げ方をした」と指摘している。朝日新聞(注3)の記者は、東京都教育委員会の取材源から、その話を書いた。

増田の友達や仲間の教師達は、その朝日新聞(注3)の記者に、増田に取材して、バランスを取るべきだった、と抗議した。それに対して、朝日新聞（注3）の記者は「この記事は正しいか」と東京都教育委員会に、再び問い直した。「都教委は〈それでいい〉と言ったから、この話は、正しい記事だった」と答えた。

注1　23年となっているが、33年の間違い。

注2　apologyには、お詫び・謝罪の意味の他に、弁明という意味もある。この文脈からすると、この記者は謝罪という意識を強く持っている様なので、謝罪とした。

注3　朝日新聞ではなく、読売新聞の間違い。

韓国KBSテレビ・SBSテレビ、相次ぎ放映

そして、06年3月31日の分限免職後、韓国のテレビ局は全て私に取材に来てくれて、以下のように報道してくれた。

KBSテレビ5日夜9時のニュース

〈アンカー〉

日本の東京都教育委員会が、日本の歪曲された歴史認識を批判してこれを生徒に教えたという理由で現職教師を解雇して、波紋が広がっています。東京のキム・デフェ特派員です。

〈レポーター〉

東京都内の中学校で社会科を教える増田都子教諭は去年3月、盧武鉉大統領の3・1節演説文を見て、この演説文を教材に討論授業を行いました。そして生徒達が書いた文を集めて、盧大統領に手紙を送りました。大統領の憂慮とは違って日本の生徒達は過去史について謝罪して真実を反省する正しい歴史を学んでいる、という点を示すためでした。

〈増田都子教諭〉

「私は正しい歴史認識を教えているのであって、誤った歴史認識を批判するのは社会科教員として当然です」

〈レポーター〉

また、「日本はいかなる国も侵略した事実はない」という歴史歪曲発言を繰り返した東京都議会の自民党議員を、授業時間に項目別に批判しました。東京都教育委員会は昨年9月、増田教諭に研修を発令して授業を出来なくしたのに続き、先月末に電撃的に解雇しました。

〈増田都子教諭〉

「当たり前の努力をしている教員をクビにするわけなので、こんなものは絶対に許すわけにはいきませんので、あらゆる手段を使って闘っていきたいと考えています」

〈レポーター〉

増田教諭の討論授業で、生徒達は日本の過去史について正しく学ぶことができ、日本が周辺諸国に真摯に謝罪しなければならない理由も分かるようになりました。増田教諭は、この教室で授業をすることはできなくなりましたが、真実を教えねばならないという所信には変わりがありません。

SBSテレビ5日夜8時のニュース

〈アンカー〉

日本の公立学校教師が、授業時間中に日本の歴史歪曲を批判して、解雇されました。ヤン・ユンソク特派員です。

〈レポーター〉

「恥ずべきことに、ある都議は日本の侵略事実を否認している。都教育委員会は、侵略を正当化した扶桑社教科書が一番良いと言う。こんな歴史偽造主義者たちは、独立記念館に一度行ってみなければならない」

東京の公立中学校の社会科教師である増田さんが盧武鉉大統領に書いた手紙の中の一節です。盧大統領の昨年の3・1節記念演説と一緒に授業資料に書いたものです。

しかし、独特の授業方式で正しい歴史を教えるという増田教諭に都教育委員会の懲戒処分が下りました。不適切な学習資料だったというのです。先月末には解雇にあたる免職処分を受けました。懲戒期間中にも自分の主張を曲げないなど反省の色がないという理由からでした。歴史歪曲を批判する教育現場の声を押えつけようとする意図が覗えます。

〈増田都子教諭〉

「正しい歴史認識を教えるという当たり前の努力をしている教員をクビにするわけなので、こんなものは絶対に許すわけにはいきません」

〈レポーター〉

東京都教育委員会は、極右派である石原都知事の指揮の下、都立中学校に扶桑社教科書を採択させるなど教科書歪曲を直接・間接に支援しているという批判を受けています。

英国『CH4』の報道

2007年、イギリスのテレビ局である『CH4』は、「日本軍国主義は復活しつつあるのではないか」という観点から日本に来て取材し、「Red Sun Rising Unreported World」というテーマで、ドキュメンタリー番組をイギリスで放映した。

右翼へのインタビューを中心に構成されているが、冒頭、右翼街宣のシーンから「極右は、過去の日本の軍国主義、帝国主義への復帰を説いている」と入り、自衛艦演習のシーンを映し出して「日本は先の戦争の時のような伝統的なナショナリズムに向っているのだろうか?」と問いかける。そして、私に対し九段中前でインタビューし、「跋扈《ばっこ》しつつある日本のナショナリズム暴力の犠牲になっている人達」として報道してくれた。その部分は以下である。

「私は教育改革に抗議した教師に接触しようとしている。増田都子は、東京の中央にある九段中学校で歴史を教えていた。2年前、彼女は日本の歴史というものはどのようなものなのか、討論する授業をしたため、免職になった。彼女はある議員が『日本はアジアを侵略したことがない』と発言した、と言い、その誤りを正そうとしていた」

最後にインタビュアーが、「Do you regret?」（［職を失ったことを］後悔していますか？）と聞いたので、私はキッパリと言った。「Not regret」（まったく後悔していません）。

私のほかに、「跋扈しつつある日本のナショナリズム暴力の犠牲になっている人達」としてインタビューを受けたのは、自宅を右翼によって放火された自民党の加藤紘一衆議院議員と、暴力団山口組系の右翼によって02年に殺された国会議員、石井紘基氏の娘さんだった。

韓国・釜山の市民・教員達の前で講演

韓国でのテレビや新聞の報道を見てくれたのだろうと思う。05年のある日、私に韓国から電話がかかってきた。「釜山市民団体協議会というところからですが、先生の経験を市民に話してくれますか」。喜んで引き受けた。以下は、その顛末レポートである。

●5月11日（水）

成田空港11時発のＪＡＬに乗るためには9時には着かないといけないと考え、成田線湖北駅を7時36分発の電車に乗ることにしました。あいにくの雨。不幸中の幸いに、さほど強くはなかったのですが、旅行用のキャスター付きのバッグに半透明のゴミ袋！　をかぶせて、いざ、出発。静かな住宅街の中をゴロゴロと、なんだか電車の通る音（のように感じる）をさせているようで、気がひけながら……。そして成田駅で乗り換えに失敗したりして（何回か利用しているのに、どうも、乗り換え方がよく分かりません）、ちょうど9時に空港カウンターに到着。

さて、同行してくれることになった土方富士子さんが、ちょうど行き帰りの便が同じだったJTBの団体パックでいるはず……と見渡してもいません。少々、不安に。ま、出国手続きをして、飛行機の乗り口に行けば会えるでしょう、と思い、行ったのですが、見あたりません。なんだか不安になりましたが、10時半ごろ、ご到着で一安心。何でも、お連れ会いに車で送ってもらったら事故があって、気が気でなかったけど、何とか間に合った！　ということでした。さて座席は、私は釜山から予約券を送ってもらい、彼女は団体パックですから当然、別々。でも、ラッキー！　ちょうど私の隣の席が空いていて、スチュワーデスさんに頼んだら、「ＯＫ」で隣席に座れました。

ちょうど2時間で釜山に到着。釜山は、お日様燦々の五月晴れ！　幸先よくスタート！　メールや電話で連絡をとっていた日本語ペラペラの金三生さんが、迎えに来てくれていました。大阪生まれで、呉市の小学校を卒業して戦後、韓国に帰り、技術家庭科の先生になり定年退職されて日本語ボランティアをなさっている72歳の気さくな方。「天皇陛下は神様だ」と信じていらっしゃったそうです。

ＹＴＮ（ＣＮＮと同じような韓国のニューステレビ局だそうです）のカメラマンが、金三生さんと共にいて、迎えの風景を撮影していました。ですから、ＹＴＮは私が空港に到着したところからニュースで流してくれたそうです。

金さんの車でコモド・ホテルへ。屋根が亀甲船の形をした、いかにも韓国的な外観を持つ高層ホテルです。香港にもあり、金さんの話ではオーナーは、いつも、とても質素な身なりをしてらっしゃるおばあさんで、市民運動の良き理解者（たぶん、資金提供者でしょう）であるそうです。ここのロビーで、私を招請しようと決められた釜山市民団体の理事長さんの、金●嘻魯《キム●ヒロ》先生が待っていてくれました。

本当に気品のあるダンディな紳士です。奥さんのセンスが良いのかな！ でも私が今回会った韓国の紳士方は、皆さんダンディでした。韓国の男性は日本の男性に比べ、お洒落なのかも……。金嘻魯先生は73歳だそうですけど、とてもお若く見えます。軍事政権下で４度投獄され、合計20年間、獄中にいて非転向を貫き、ノ・ムヒョン大統領と同志であるそうですが、全く温厚で本当に謙虚な方でした。私に対して「増田先生、増田先生」と言われるので、冷や汗が出ます。

そして、嘻魯先生は、言われました。「大統領に増田さんのことを話したら『会いたいけれど、今は日本との国家関係が微妙な時だから会わない方が良いと思う。いつか会いたいと思う』と言ってました」と。鳥肌が立つ感じ。えっ⁉ この方、そんなにお偉い方だったの？ 私としては、畏れジョークのつもりで「ノ大統領に会えればいいですね（笑）」て感じだったんですけど……畏れ多いことに、嘻魯先生は本気で骨折ってくださっていたようです。

そして、午後4時から釜山市の中学・高校の先生対象の「講演会」、釜山市教育研究情報院（「東京都教職員研修センター」に当たるところでしょう）というところの大ホールに603名の先生達が集まってくれたのです！　そして、それはそれは熱心に聞いてくださいました。そして熱心な何人かの先生から質問。一番痛かったのは「増田先生のお話を聞いて、とても感動しました。でも組合は、どうしているんですか。日教組とかあるんではないですか」という質問。

私の回答「実は、とても情けない話なのですけど、日教組は『歴史的和解』と言って、実際は文部科学省に歴史的屈服をしてしまい、真に闘う教員を邪魔者扱いしている現実があります。ここまで日本の教育界が落ちぶれたのには、組合が闘わないことにも原因があります。だから、真に闘う教員は個人として連帯していくしかないのです」。いくらなんでも、「私が所属していた全教＝都教組という組合は、所属組合員を当局に売って喜んでいました」なんて事実は、情けなさ過ぎて外国では言えませんし……。

この「講演」の様子はYTN、KBS、MBC、SBSの全てのテレビ局が撮影してくれていました。KBSは午後9時のニュースで流してくれました。SBSは流してなかったようですけど、三生さんが、三つのテレビ局のニュースを録画してくださったので、後で郵送してくれるそうです！　新聞では、国際新聞というところが、かなり大きく載せてくれていました。

ホッとして夕食。金三生さんと嘻魯先生が、私と土方さんを韓定食に連れて行ってくれました。

新鮮なお刺身！　ヒラメにアワビにウニにサザエ！　もちろん、ワサビもあります。日本のワサビより緑が濃いので、ちょっと品種が違うのかも。鬱稜島がワサビの産地だそうです。エビと朝鮮人参の天ぷらも、とっても美味しかったです。

ホテルに帰り15階の部屋に。展望がよく、釜山港の夜景がとっても綺麗です。土方さんは私とKBSのニュースを見た後、タクシーで10分くらいのクラウンホテルに帰りました。

●5月12日（木）

天気晴朗なれど風強し！　と言ったところでしょうか。本日は、10時からホテルで記者会見。連合ニュース（日本で言えば共同通信に当たるそうです）が取材して流してくれたそうです。

午後7時からの一般市民対象の「講演会」まで間がありますので、三生さんが、釜山観光に案内してくれました。まず、影島《ヨンド》の太宗台《テジョンデ》へ。太宗は新羅の王様で、その都があったからそう呼ぶそうですけど、大きな海に面した緑濃い高台（山！）の公園です。天気が少し曇っている時（晴れすぎても水蒸気が多くてダメだとか）には、49キロ先の対馬が一番よく見えるそうですけど、本日は見えませんでした。

植物は日本とまったく同じで黒松がたくさんあり、ツツジや藤が花盛り。海の断崖絶壁の上から絶景を見渡せる展望レストランで漢方茶（真っ黒で甘く、上に松の実やゴマ、乾燥ナツメが浮かんでいる！）をいただいたあと、テラスで記念撮影。手すりの下は断崖絶壁ですから、強風で帽子が飛ばないように手で押さえながら、シッカリ手すりにつかまっていると三生さんは、お茶目な方で、私を断崖の上から落とすまねをして、私はビビりました。そこで、今度は私が油断していた三生さんを、いきなり揺さぶってリベンジ！　大笑いです。

三生さんからひとつ、ナゾナゾが出されました。『釜山港に帰れ』の歌にも出てくる『五六島』は、5島に見えたり6島に見えたりするからですが、さて、6島に見えるのは、満ち潮の時でしょうか？　引き潮の時でしょうか？」。私は「引き潮の時でしょう。満ち潮の時には隠れている島が引き潮で現れるのでしょう」と答えました。さて、皆さんのお答えは？　正答は「満ち潮の時」。どうして？「一つの島は、ふたこぶラクダの背の形なので、満ち潮で2島に見える」。

昼食は、島の山の頂上にある「牧場園」というところで、美味しい焼き肉！　日帝支配時代に牧場があったので、昔は「牧島《まきしま》」と呼んでいたのですが、今は名前だけが残っているそうです。

さて、次は、別の島を通り、リゾート地になっている海雲台《ヘウンデ》へ。ＡＰＥＣの主会場になったところ。会場になった建物が、そのまま記念に残っており、観光名所になっているのです。さすがに韓国が国家の威信を懸けて造っただけあってスッゴク豪華な建物で、海がよく見え、写真などが展示されています。小泉のニタついた顔を見たらムカムカしてきましたけど……。

おもしろいのは、三生さんの説明によると、この建物の下にある港になっているところは海軍の所有地だったそうですけど、建物を造り整備する時にここも市が中心になって「後で返す」と約束して整備したのですが、市民が運動して「公園」にしようと要求して、結局、返さなかったんだそうです。軍を騙した形！　三生さん、澄まして「どうせ、たいして使ってなかったんですからいいんですよ」。市民運動の力の強さ！　役所にはたいてい「市民協力課」があるそうです。ま、これは半官半民のセマウル運動の遺産だそうですけど。

さて、いよいよ市民向け講演。10階建て釜山日報社ビルの最上階のホール。昨日の講演会が成功！　したので、本日は、そうドキドキしないかと思っていたのに、入口の所に「増田都子先生招請　講演会」と看板が出ていて、また、ドキドキしてきました。ここのホール横のレストランで6時に食事。何しろ昼間お腹いっぱい食べたので、あんまり食欲はなかったのですけど……。

本日の聴衆は300人で、やっぱりホールは満員。女性がとても多かったです。始まる前に年配の女性が、「テレビで増田先生のこと見て、どうしてもお話を聞きたいと思い、釜山の不便なところにいるんですけど来ました」と言ってくださいました。この方は、日帝時代の日本人の女性教師の方が、「学費を出して学校に行かせてくれました」と言われました。どんな時代、どんな国でも、良心のある方はいらっしゃるのですね！

さて、市民の方々もとても熱心に話を聞いてくださいました。日本語の分かる方がとても多くて、通訳を待たないで私の話にビンビン反応してくださいました。「質問」ということでしたが、激励してくださる方が多かったです。「増田都子先生、あなたは、ジャンヌ・ダルクだ！　頑張ってください」なんて……。疲れましたけど、とても充実した1日でした！

ノ・ムヒョン大統領からのメッセージ

●5月13日（金）

本日は、風も全くない本当に爽やかな五月晴れ！　本日はあの韓国の全国紙、東亜日報が大きい写真入りで私のことを載せてくれていました！　釜山日報は記事と社説に私のことを載せてくれていました！　そして最終日の最後の大一番!?　釜山市教育長に当たる教育監で、大統領諮問教育革新委員会委員長、つまり、釜山出身のノ・ムヒョン大統領から信頼されている（この「委員長職」は閣僚級とか）、薛《ソル●》東根《ドンゴン》氏との朝餐会が朝7時にセットされています。会場はホテルの前道一つ隔てたところ。アワビ粥がメイン。

以前、パックツアーで妹と韓国旅行した時のアワビ粥は、「どこにアワビがあるのだ？」と小さな小さな椀の中を探しまくり、やっとみじん切りにしたらしいアワビのカケラを発見したものですけど、これは色は全体に薄い黄緑で、探すまでもなく、アワビがたくさん入っていました！　土方さんから、あとで「この緑は、アワビのキモが入っている本格的なものなのよ」と教わりました。あっ！　アワビなんて、どうでもいいのですよね。

この薛東根氏が正式！　に大統領のお言葉を伝えてくれたのです。「勇気のある先生に会いたいと思いますけど、今は、国家関係が微妙な時期なので会うことはできませんが、いつか会いましょう。関心を持っていますので頑張ってください」と……もう、感激です。この方も、とても品があり、お洒落で、でも、ちっとも偉ぶらない方でした。その上、嘻魯先生は、この席で、いずれ釜山の大学の「日本語の講師に」などと言ってくださるのです。スッゴク真顔で！「これは冗談で言っているのではありませんよ」と。

嘻魯先生は、私の生活のことまで考えてくださっていました。で、私が講演料の千ドルを断った代わりにと、私が三生さんに「以前、韓国旅行で母のお土産に買った高麗人参エキスで『体調が良くなった』と言ってましたので、少し高いんですけど、また買って帰りたいので、どこで買ったらいいでしょう」と相談していたのを聞きつけて、「では、私が買って、増田先生のお母さんのお土産にしましょう」と言われるのです。「そのぐらいは買えますから」と言ったのですが、「増田先生のお母さんは、私のお母さんと同じです」と畏れ多いことまで言ってくださいました。日本人でも、ここまで言ってくださる方はいませんのに……とても敬虔なカトリックでいらっしゃるそうです。

さて、朝餐は無事終わり、薛東根氏は秘書やボディガードと共に黒塗りの車で去られました。私たちは最後の目的地、釜山近代歴史（日帝強占期）館、元東洋拓殖会社の建物で、日本敗戦後アメリカ軍に接収されていたものを嘻魯先生が先頭に立って市民運動をなさって返還させ、記念館にしたものを見学。割合、淡々とした展示でしたけど日本帝国主義の図々しさ！は、よく見えるようになっています。ここで、嘻魯先生とはお別れし、三生さんが空港まで送ってくださいました。

金海空港を午後2時に出発。4時に成田着。日本は、雨で寒いこと……でも、土方信雄さんが車で迎えに来てくださっていて(「こういう時ダンナがいると便利ね!」と思わず言っちゃいました)、遠回りして我孫子の自宅まで送ってくださったので、大助かり。土方夫妻は、私の家からの帰りに道に迷い、帰宅がスゴク遅くなったようです。本当にご夫妻にはお世話になりました!

と言いながら、ここで土方富士子さんの笑い話を暴露しちゃいましょう。彼女は宿舎のクラウンホテルから私のいるコモドホテルまで、毎日タクシーで朝早く出て、夜遅く帰る生活でした。そこでタクシーの運転手さんは「男がいるのでは?」と非常に怪しんだようです。「友達の女性がいるのよ」と言うと、「どうして同じホテルに泊まらないのか? 同じ飛行機ではないのか? どういう関係なのか?」と根ほり葉ほり聞かれて説明に窮した! そうです。「彼は絶対『この日本のオバサンは不倫旅行に違いない』と信じてしまったんじゃないかしら?」と……。そして彼女が言うには、「マスダ放送局で、この話流すでしょ? そしたら、シマイには流れ流れて『土方富士子さんてね、増田サンをダシにして不倫旅行したんだって』って話になるかもね」……と言ってらっしゃいました。皆さん、誤解なさらないように!

というわけで、本当に素晴らしい釜山旅行だったのです! 大きな大きな勇気を、さらに与えていただきました!

第6章　都教委は「免職処分」を取り消せ

韓国8・15集会参加後の総括会合で（2007年）

裁判の現状と争点

私は、この違法・無法な「戒告処分・免職処分」取り消し訴訟を、06年9月初めに東京地裁に提訴した。この裁判は07年12月現在で、7回の口頭弁論を終えて争点は整理され、08年からは、いよいよ立証（証人尋問）に入るだろう。主な争点は次の3点である。

●扶桑社教科書や都議・古賀に対して、「歴史偽造主義」と批判して生徒に教えたことをもって「誹謗中傷」と戒告処分をしたことは、憲法二十六条、1947年版教育基本法十条、学校教育法二十八条、同法四十条に違反すると言えるか？　また、処分権の逸脱濫用と言えるか？

●研修命令処分は、憲法十九条、同二十六条、1947年版教育基本法十条1項、学校教育法二十八条、同法四十条に違反すると言えるか？　また、処分権の逸脱濫用と言えるか？

●分限免職処分は、憲法十九条、同二十六条、同三十一条、1947年版教育基本法十条1項、学校教育法二十八条、同法四十条に違反すると言えるか？　また、処分権の逸脱濫用と言えるか？

（注　＊日本国憲法第十九条「思想及び良心の自由は、これを侵してはならない」。第二十六条「すべて国民は、法律の定めるところにより、その能力に応じて、ひとしく教育を受ける権利を有する」。第三十一条「何人も、法律の定める手続によらなければ、その生命若しくは自由を奪はれ、又はその他の刑罰を科せられない」。

＊１９４７年教育基本法第十条（教育行政）「教育は、不当な支配に服することなく、国民全体に対し直接に責任を負つて行われるべきものである。② 教育行政は、この自覚のもとに、教育の目的を遂行するに必要な諸条件の整備確立を目標として行われなければならない」。

＊学校教育法第二十八条「③校長は、校務をつかさどり、所属職員を監督する。④教頭は、校長を助け、校務を整理し、及び必要に応じ児童の教育をつかさどる。⑥教諭は、児童の教育をつかさどる」。

第十八条「小学校における教育については、前条の目的を実現するために、次の各号に掲げる目標の達成に努めなければならない。二　郷土及び国家の現状と伝統について、正しい理解に導き、進んで国際協調の精神を養うこと」。

第二十一条「②前項の教科用図書以外の図書その他の教材で、有益適切なものは、これを使用することができる」。

第四十条「第二十一条、第二十五条、第二十六条、第二十八条から第三十二条まで及び第三十四条の規定は、中学校に、これを準用する」。）

原告増田の陳述

以下、私（原告）が裁判所に出した準備書面の一部を紹介する。

「原告の『歴史認識』は、日本国憲法において『日本の行った先の侵略戦争を否定する』ところから出発している事実（憲法前文）に基づき、『侵略と植民地支配への反省』を国の内外に表明している日本政府の見解に立つものであり、原告が自ら信ずる歴史認識、信念、歴史観に従って授業を行うことは、日本国の寄って立つ『正しい歴史認識』に基づくものであり、まさに、教育公務員に期待された役割である。

　よって、教育現場において、いかに文部科学省の検定を通過した教科書であろうと、その記載内容が誤りであると考え、或いは、気づけば、その点を指摘し、批判することが禁じられる筋合いはなく、況んや、そのような批判行為を以て、『非違行為』と断じられる謂《い》われはない。

　そして、原告がその研修期間中に東京都教職員研修センター講師より指摘された、『平成17年12月7日、原告が授業で用いたビデオには幼児の死体写真、強姦等の用語や、強姦され腹を割かれたとされる女性の死体の写真が多数あることから、中学3年生の発達段階を踏まえて十分な配慮をする必要がある旨の指導』にしても、原告は、かかる残虐行為が日本軍によって行われた事実を隠蔽することなく正しく生徒に伝えようとしたものであって、むしろ、研修において、かかる内容の『指導』を行うこと自体、生徒に対し、日本軍の残虐行為を隠蔽せんとするのみならず、原告の授業内容や思想・良心に対する不当な介入である。

　現に、原告が批判した扶桑社発行の歴史教科書については、鳩山由紀夫等の衆議院議員（政治家）からも批判が述べられ、また、他に検定を通過していながら稚拙なミスの目立つ教科書について、メディアが批判している例も枚挙にいとまがない。のみならず、扶桑社発行の歴史教科書については、その発行元である扶桑社自身が、『各地の教育委員会の評価は低く、内容が右寄り過ぎて採択が取れない』と批判しているほどなのである。

さらに、アメリカ合衆国の下院においては、『新しい歴史教科書をつくる会』がまさにその存在を否定している『従軍慰安婦』問題につき、ペロシ議長らをして、『日本の従軍慰安婦問題は、明らかな人権侵害であり、日本は反省すべきである』、『日本の学校で使われようとしている新しい教科書は、慰安婦の悲劇や太平洋戦争中の日本の戦争犯罪を縮小しようとしている』、『日本政府は、国際社会が提示した慰安婦に関する勧告に従い、現世代と未来世代を対象に残酷な犯罪について教育を行わなければならない』旨の決議が採択されていることは、公知の事実である。

なお、かかるアメリカ合衆国下院における決議に対し、127名の東京都議中、古賀俊昭、田代ひろし、土屋たかゆき、吉田康一郎の4名の都議らが抗議を表明したが、この4名の都議の内、吉田を除く3名の都議こそ、原告を名指しで誹謗・中傷し、原告に対する名誉毀損を繰り返すのみならず、原告を分限免職に追い込もうと、原告らに対し圧力をかけてきた政治家達である。

これらの状況に照らしても、原告の扶桑社発行の歴史教科書等に対する批判は、正に正鵠を射るものであり、『中学3年生という未発達、未成熟な生徒』が『教科書に書いてあるから』というだけで安易に歴史的真実と信頼・混同することのない様、適切に批判を述べ、指導することは、教育公務員に求められる役割であり、重要な『適格性』である。

また、あたかも、被告らは、扶桑社発行の歴史教科書の記載内容が、『検定を通過した』という一事を以て、『歴史的真実であると認められた』と主張するもののようであるが、『検定を通過=歴史的真実』ではないことは、家永判決等過去の判決においても認定されている理である。

そもそも、原告の当該批判プリント配付行為については、原告の勤務する九段中学校の校長ら現場の教職員らからは、全く非難の対象とされておらず、校長ら現場の上司・同僚は、原告の教育公務員としての『適格性』につき、疑問を差し挟んだ事実はないのである。

にも拘わらず、被告らは、『偏った思想、性格、性向』に凝り固まった一部右翼都議ら政治家の圧力に屈し、原告の有する思想・信条を理由として、原告を教育現場から追放するために、本件戒告処分、本件各研修命令処分、本件分限免職処分を行ったものである。

被告らの本件各処分が、違憲・違法であることは、論を俟《ま》たない。

結論

以上みたとおり、扶桑社の『つくる会』教科書が、今日の歴史学の成果を真っ向から否定するものであり、歴史を歪曲、偽造したものであることは明らかである。これに対し、原告が、公立中学の社会科教師として、誤った歴史認識をもって日本国憲法のありようを否定しようとする『教科書製作会社』があることを生徒達に教えることは、憲法及び教育基本法の趣旨からして、何ら『不適切』なものでないことは余りにも明らかである。

扶桑社は、社会科の教科書を製作出版している会社である。その教科書の内容が憲法及び教育基本法の趣旨に反しているような場合、これを批判することは社会科教師である原告にとって権利であるとともに責務である。

したがって、本件処分は、本件プリントを使用した紙上討論という正当な授業内容に対して教育委員会が介入するという憲法第二十六条、教育基本法十条が禁止する不当支配に該当するとともに、学校教育法二十八条、同法四十条にも反する違憲違法なものである。さらに、処分権の逸脱濫用にあたることもまた明白である」

中学生には「理解能力がない！」

しかし、個人情報漏洩の「地公法三十四条・公務員の守秘義務違反」（1年以下の懲役又は3万円以下の罰金）の犯罪行為を犯しても、「都教委は良いのだ」!? と、都議会で教育長が答弁するというコンプライアンス（法令順守）精神欠落、法規範意識欠落、道徳心欠落、「真っ当な判断力」を欠落させている都教委であるから、以下のような噴飯ものの反論を裁判所に提出した。

「『歴史偽造主義者』等の文言（表現）は……対象者が中学3年生であり、『大学教育の場合には、学生が一応教授能力を備えているのに対し、普通教育においては、児童生徒にこのような能力がなく、教師が児童に対して強い影響力、支配力を有すること』（最高裁旭川学テ判決）を考えれば、不適切な文言であることは明らかである。

上記文言は、客観的に見れば、特定の歴史観のみが絶対的に正しく、それと異なる歴史認識は間違いであるとしてA都議およびB社を一方的に非難するものであって誹謗と評価できるものであることを付言する」

要するに、以下のようになる。

「扶桑社『つくる会』教科書および都議・古賀俊昭の『アジア・太平洋戦争は侵略戦争ではなく、自衛の戦争、アジア解放の戦争』という主張を『歴史偽造主義』ということは、客観的に見れば、『あの戦争は侵略戦争であった』という特定の歴史観のみが絶対的に正しく、それと異なる『あの戦争は自衛の戦争、アジア解放の戦争』という歴史認識は間違いであるとしてA都議およびB社を一方的に非難するものであって誹謗と評価できる」

都教委と異なり、通常の判断力を有する人ならば、これが、実に滑稽な日本語文章であることは余りにも明らかだろう。

「日本は侵略戦争をした」という歴史事実は、「絶対的に正しく」と日本政府は内外に公言している。当然、「それと異なる『あの戦争は自衛の戦争、アジア解放の戦争』という歴史認識は間違いである」のだ。

教員は、相手が誰であれ「正しいことを正しい」「間違いを間違い」ということを教えることが仕事である！　これは、特に教員のみならず、成人の責務でもある。こんな単純な「正誤」も理解する能力を持たず、不法行為を繰り返す中村正彦教育長をはじめとする都教委に、教育行政を担うだけの資質・資格が欠落していることは明らかで、彼らこそ、公務員不適格なのである。

そして、このような公務員不適格者達が東京都教育委員会をのっとっており、裁量権を濫用して教育破壊やりたい放題!? になっているのが、東京の学校の現状である。

また、中学生の知的発展段階（理解能力）に対しても、驚くべき無知を都教委は暴露している。

この本に収録した生徒達の紙上討論の意見感想を読めば、都教委の誤りは明らかであろう。

米国のラッソー事件判決

さらに、「米国旗への誓い」拒否で解雇されたラッソーという教員の訴えに対して、解雇無効としたアメリカの裁判所の「ラッソー事件判決」（１９７２年11月14日）には、こう書かれている。

「彼女の生徒達は揺りかごから出たばかりの子供ではない点に我々は十分に留意している。すなわち、彼女は14歳から16歳までの生徒から構成される10年生のクラスを担任していた。この発達段階にある若い男性及び女性は、自分自身の判断力を形成する年齢に近づいている。彼らは自分達を取り巻く世界に意見の対立が存在することを容易に認識している。実際、大人が彼らをあらゆる新聞やテレビから遮断しない限り、この国に現在存在し、これまでも存在してきた政治的立場の違いを理解していない10代の子供は、単に、かなり社会から隔絶した若者でしかない。また、このような知識は何らおそれるべきことではない。ジェイムズ事件で我々が述べたように、学校は生徒に対して、考え、分析し、デマを見分ける力をつけさせるための中心的な役割を果たさなければならない」

私の15歳の生徒達は、「単に、かなり社会から隔絶した若者」などではないので、都教委の連中のあまりにお粗末な知的発達段階（理解能力）と違って、「『歴史偽造主義者』等の文言（表現）は……対象者が中学3年生であり」、理解「能力」があるのである。私は「生徒に対して、考え、分析し、デマを見分ける力をつけさせる」ことに成功していた。だからこそ、そのような理解能力を育む私の平和教育を都教委は憎悪し、このような無法な連続処分と、不法な個人情報漏洩行為を繰り返してきたのではないか。

森正孝氏の意見書

以下、映画『語られなかった戦争　侵略』シリーズの監督であり、静岡県で中学校の社会科教員を定年退職後、静岡大学で講師をなさっている森正孝さんが書いてくれた、裁判所への意見書を紹介しておく。

●石原都政下の都教委による「敵意と憎悪」むき出しの政治的処分

（1）政治的圧力の核心、つまり本「分限免職処分」の核心は、原告・増田都子教諭の教育実践を忌み嫌った都教委の攻撃・排除に他ならない。

すなわち、増田教諭は、上記の紙上討論を通じ、自らの国と人々が歩んだ歴史の史実を直視させ、それを教訓とし、将来にわたってアジアとの真の和解と信頼関係を構築するためにはどうしたらよいのかを考えさせようとしたのである。

しかしこれに対し、石原都政とその管轄下にある都教委は〝敵意と憎悪〟を露にし、これを攻撃・排除したのである。

（２）こうした増田教諭の歴史認識とその実践は、以下に述べるように日本政府がことあるごとに公に表明してきた立場に基づいており、その誠実な実践者であって、「不適格」と烙印を押されるいわれは何もない。

（中略）

そして、若干遠くは次の「戦後50年にあたっての村山首相談話」がある。

……いま、戦後50周年の節目に当たり、われわれが銘記すべきことは、来し方を訪ねて歴史の教訓に学び、未来を望んで、人類社会の平和と繁栄への道を誤らないことであります。

わが国は、遠くない過去の一時期、国策を誤り、戦争への道を歩んで国民を存亡の危機に陥れ、植民地支配と侵略によって、多くの国々、とりわけアジア諸国の人々に対して多大の損害と苦痛を与えました。私は、未来に誤ち無からしめんとするが故に、疑うべくもないこの歴史の事実を謙虚に受け止め、ここにあらためて痛切な反省の意を表し、心からのお詫びの気持ちを表明いたします。また、この歴史がもたらした内外すべての犠牲者に深い哀悼の念を捧げます。敗戦の日から50周年を迎えた今日、わが国は、深い反省に立ち、独善的なナショナリズムを排し、責任ある国際社会の一員として国際協調を促進し、それを通じて、平和の理念と民主主義とを押し広めていかなければなりません。……

この日本国を代表する首相の演説に表された歴史認識は、1995年・戦後50年と2005年・同60年に行われた次の「国会決議」に準拠していることがわかる。

……世界の近代史上における数々の植民地支配や侵略的行為に思いをいたし、我が国が過去に行ったこうした行為や他国民とくにアジアの諸国民に与えた苦痛を認識し、深い反省の念を表明する。我々は過去の戦争についての歴史観の相違を超え、歴史の教訓を謙虚に学び、平和な国際社会を築いていかなければならない。本院は、日本国憲法の掲げる恒久平和の理念の下、世界の国々と手を携えて、人類共生の未来を切り開く決意をここに表明する（「戦後50年・歴史を教訓に平和への決意を新たにする国会決議」）。

……われわれは、ここに十年前の「歴史を教訓に平和への決意を新たにする国会決議」を想起し、わが国の過去の一時期の行為がアジアをはじめとする他国民に与えた多大な苦難を深く反省し、あらためてすべての犠牲者に追悼の誠を捧げるものである。政府は、日本国憲法の掲げる恒久平和の理念のもと、唯一の被爆国として世界のすべての人々と手を携え、核兵器等の廃絶、あらゆる戦争の回避、世界連邦実現への道の探究など、持続可能な人類共生の未来を切り開くための最大限の努力をすべきである（「戦後60年国会決議」）。

このように、日本政府のみならず国権の最高機関たる国会においても日本の植民地支配と侵略戦争について、それを事実として認定し、それに対する真摯な反省を表明している。

増田教諭の教育実践は、この日本政府（国）の公の見解と歴史認識をそのまま具現化したものであって、そこには不適格にあたる何物も見出すことはできない。

（３）逆に、この日本政府（国）の見解と歴史認識に大きく逸脱し、むしろこれと対極にあるものが、前記した古賀俊昭都議の「（わが国の）侵略戦争というのは、私はまったく当たらないと思います。じゃ、日本はいったい、いつ、どこを侵略したのかということを具体的に一度聞いてみたい」という公的発言であり、古賀都議らが絶賛推奨してやまない「新しい歴史教科書をつくる会」著作の中学校歴史・公民教科書（扶桑社刊）である。そして、この教科書を採択させ、今回、増田教諭への処分を強行した責任者・東京都知事石原慎太郎もその１人である。

●原告・増田教諭は、なぜ古賀都議や「つくる会教科書」を「歴史偽造主義」と批判したのか——「歴史偽造主義」が発生した経緯と問題点

次に、石原都知事やそれと同一線上に並ぶ古賀都議や「つくる会」の歴史観、歴史認識がどのようにして生まれ、なぜそれが「歴史偽造主義」と呼ばれるのか、について述べる。

（１）わが国の歴史認識問題は戦後３回発生しているが、それらはすべて教科書問題という形をもって現れている。第１回は１９５５年であるが、この年、憲法改正を中心課題とした保守合同により現在の自民党が結成され、いっせいに革新政党や日教組に対して「偏向教育」攻撃がおこなわれている最中いわゆる「憂うべき教科書問題」という形で現れた。

２回目は１９８０年、衆参院同時選挙による自民党の勝利による安定多数確保を契機として、政府、自民党、財界、マスコミから社会科教科書への集中攻撃がなされた。その結果、２年後の１９８２年、文部省による検定で「侵略」を「進出」と書き換えさせた事実を中心にアジアからの激しい抗議が展開されたことは、

まだ記憶にあたらしい。

そして、3回目が1996年にはじまったいわゆる第3次教科書問題である。問題の発端は同年6月末に、中学校歴史教科書7社全社に「慰安婦」問題が記述されたのが直接のきっかけとなったのではあるが、問題点の特徴は、すでに82年の教科書問題以降、日本政府はアジアとの善隣友好外交の必要性から、歴史事実を直視し次世代に伝えなければならないとの方針のもと、その努力が着々となされており（その経過は、以下に述べる通りであるが、その到達点が前記した「村山首相談話」と「50年国会決議」であった）、そうした日本政府の努力への激しい憎悪と敵対にあった。これからはじまる教科書攻撃は、それまでとは比較にならないほど重層的、戦略的な様相を呈している。それは次項以下に見るとおりであるが、政治家・学者・民間・マスメディアが一体となって、しかも「国民運動」という形をとって現れたのであり、以来10年が経過し、増田教諭へのこの間の攻撃は、まさにこの流れの中に位置づけられるのである。

(2) 前述した通り1982年、「侵略」の「進出」への書き換えや「強制連行」「南京大虐殺」などをめぐる文部省検定による歴史改ざん・歪曲が明白になり、アジア諸国からの激しい抗議にさらされた。この年の6月ごろからおおよそ2カ月間、連日、東アジア、東南アジア全域からの激しい抗議にさらされた日本政府は、同年8月26日、次の「歴史教科書についての宮沢内閣官房長官談話」を発表した。以降95年まで、この「談話」は日本政府の歴史正視へ向けた営為のさきがけともなった。

一、日本政府及び日本国民は、過去において、我が国の行為が韓国・中国を含むアジアの国々の国民に多大の苦痛と損害を与えたことを深く自覚し、このようなことを二度と繰り返してはならないとの反省と決意の上に立って平和国家としての道を歩んで来た。我が国は、韓国については、昭和四十年の日韓共同コミュニケの中において「過去の関係は遺憾であって深く反省している」との認識を、中国については日中共同声明において「過去において日本国が戦争を通じて中国国民に重大な損害を与えたことの責任を痛感し、深く反省する」との認識を述べたが、これも前述の我が国の反省と決意を確認したものであり、現在においてもこの認識にはいささかの変化もない。

二、このような日韓共同コミュニケ、日中共同声明の精神は我が国の学校教育、教科書の検定にあたっても、当然、尊重されるべきものであるが、今日、韓国、中国等より、こうした点に関する我が国教科書の記述について批判が寄せられている。我が国としては、アジアの近隣諸国との友好、親善を進める上でこれらの批判に十分に耳を傾け、政府の責任において是正する。

三、このため、今後の教科書検定に際しては、教科用図書検定調査審議会の議を経て検定基準を改め、前記の趣旨が十分実現するよう配意する。すでに検定の行われたものについては、今後すみやかに同様の趣旨が実現されるよう措置するが、それまでの間の措置として文部大臣が所見を明らかにして、前記二の趣旨を教育の場において十分反映せしめるものとする。

四、我が国としては、今後とも、近隣国民との相互理解の促進と友好協力関係の発展に努め、アジアひいては世界の平和と安定に寄与していく考えである。

続いて同年11月、上記談話第三項にもとづいて教科書検定基準に新たに次の項目を追加することが決定された。いわゆる「近隣諸国条項」と言われるものであり、その後、侵略戦争や植民地支配の記述についての検定基準とされたのである。

「今後の教科書検定に際しては、近隣のアジア諸国との間の近現代史の歴史的事象の扱いに国際理解と国際協調の見地から必要な配慮がなされていること」

(3) さらに翌年の1993年8月4日、「従軍慰安婦」に関して次の「従軍慰安婦問題を調査しての河野洋平内閣官房長官の談話」が出されている。実はこれに先立つ1991年、元「従軍慰安婦」にさせられた韓国人・金学順（キム・ハクスン）さんが、初めて日本政府に対して謝罪と賠償を求めて東京地裁へ提訴し、それを契機として世界的に日本の性奴隷制度が問題となっていた。後述するように、国連人権委員会においても、調査がされこの問題に対する日本政府への勧告がなされようとしている時期でもあった。

いわゆる従軍慰安婦問題については、政府は、一昨年（増田注、2000年）12月より、調査を進めて来たが、今般その結果がまとまったので発表することとした。

今次調査の結果、長期に、かつ広範な地域にわたって慰安所が設置され、数多くの慰安婦が存在したことが認められた。慰安所は、当時の軍当局の要請により設営されたものであり、慰安所の設置、管理及び慰安婦の移送については、旧日本軍が直接あるいは間接にこれに関与した。慰安婦の募集については、軍の要請を受けた業者が主としてこれに当たったが、その場合も、甘言、強圧による等、本人たちの意思に反して集められた事例が数多くあり、更に、官憲等が直接これに加担したこともあったことが明らかになった。また、慰安所における生活は、強制的な状況の下での痛ましいものであった。

なお、戦地に移送された慰安婦の出身地については、日本を別とすれば、朝鮮半島が大きな比重を占めていたが、当時の朝鮮半島は我が国の統治下にあり、その募集、移送、管理等も、甘言、強圧による等、総じて本人たちの意思に反して行われた。

いずれにしても、本件は、当時の軍の関与の下に、多数の女性の名誉と尊厳を深く傷つけた問題である。政府は、この機会に、改めて、その出身地のいかんを問わず、いわゆる従軍慰安婦として数多の苦痛を経験され、心身にわたり癒しがたい傷を負わされたすべての方々に対し心からお詫びと反省の気持ちを申し上げる。また、そのような気持ちを我が国としてどのように表すかということについては、有識者のご意見なども徴しつつ、今後とも真剣に検討すべきものと考える。

われわれはこのような歴史の真実を回避することなく、むしろこれを歴史の教訓として直視していきたい。われわれは、歴史研究、歴史教育を通じて、このような問題を永く記憶にとどめ、同じ過ちを決して繰り返さないという固い決意を改めて表明する。

なお、本問題については、本邦において訴訟が提起されており、また、国際的にも関心が寄せられており、政府としても、今後とも、民間の研究を含め、十分に関心を払って参りたい。

この「河野談話」の後段のくだり、すなわち「われわれはこのような歴史の真実を回避することなく、むしろこれを歴史の教訓として直視していきたい。われわれは、歴史研究、歴史教育を通じて、このような問題を永く記憶にとどめ、同じ過ちを決して繰り返さないという固い決意を改めて表明する」の一節は、単に、歴史事実を認定したということ以上に、その事実を「歴史研究と歴史教育」を通して「同じ過ちを繰り返さないために記憶する」という歴史へのきわめて真摯なそして未来的展望をも持った態度の表明である。その姿勢は、敗戦40周年に際しての、かのドイツのワイツゼッカー大統領演説「過去に目を閉ざすものは、将来にも盲目となる」というあまりにも有名になった一節を想起させる。まさに増田教諭の実践は、この「談話」そのままを具現化したものであった。

（4）付け加えて、この時代、もう一つの「談話」が表明されているので紹介しておこう。「後藤田正晴内閣官房長官談話」である。１９８５年の中曽根首相の靖国公式参拝に対してやはり激しい非難が寄せられたが、それに対する日本政府の「公約」とも言えるものであった。前記同様に真摯に歴史と向き合おうとしている日本政府の姿を見て取ることができる。

……しかしながら、靖国神社がいわゆるA級戦犯を合祀していること等もあって、昨年実施した公式参拝は、過去における我が国の行為により多大の苦痛と損害を蒙った近隣諸国の国民の間に、そのような我が国の行為に責任を有するA級戦犯に対して礼拝したのではないかとの批判を生み、ひいては、我が国が様々な機会に表明してきた過般の戦争への反省とその上に立った平和友好への決意に対する誤解と不信さえ生まれるおそれがある。それは、諸国民との友好増進を念願する我が国の国益にも、そしてまた、戦没者の究極の願いにも副《そ》う所以ではない。

もとより、公式参拝の実施を願う国民や遺族の感情を尊重することは、政治を行う者の当然の責務であるが、他方、我が国が平和国家として、国際社会の平和と繁栄のためにいよいよ重い責務を担うべき立場にあることを考えれば、国際関係を重視し、近隣諸国の国民感情にも適切に配慮しなければならない……

（５）80年代から90年代前半にかけてのこうした一連の動き（「宮沢談話　近隣諸国条項」「後藤田談話」「河野談話」「村山首相談話」が「50年国会決議」へと結実したのであるが）のあったこのころより、こうした歴史正視の動きに対する激しい反発と敵視の動きが始まっていた。

１９９３年8月、自民党幹部国会議員が参加する「歴史検討委員会」（委員長・山中貞則、事務局長・板垣正、委員・橋本龍太郎、森喜朗、安倍晋三、中川昭一、河村建夫ら１０５名が参加）が設置された。これを設置したのは、「英霊にこたえる議員協議会」「遺家族議員協議会」「みんなで靖国神社に参拝する国会議員の会」のいわゆる靖国公式参拝を支持する〝靖国３団体〟であった。

この「歴史検討委員会」は、２年間の学習検討会を経て、１９９５年8月15日、「村山談話」が出たその日、「大東亜戦争の総括」という報告書を発表した。

ここでは、次の４点が確認され、翌年から始まる教科書攻撃＝歴史偽造運動の基本的歴史認識と運動の方針が作られた。

①大東亜戦争は侵略戦争ではなく、自存自衛の戦争であり、アジア解放の戦争であった。
②南京大虐殺や従軍慰安婦は存在せずでっち上げである。
③わが国に誇りを持たせる教科書をつくるための新たな闘いが必要である。
④そのために学者を使って国民運動を展開する。

ここにある「方針」は、それまでの政府自らが積み上げてきた歴史正視の動きを真っ向から否定するものであった。侵略戦争の正当化、侵略行為の否定（〝でっち上げ〟とする歴史偽造）であり、またそれを「国民運動」にしていこうとするものであった。その後の経過が示すとおり、「新しい歴史教科書をつくる会」（「つくる会」）がそれを担うことになった。

実はこの結論に至った「歴史検討委員会」の2年間の学習会で講師として呼ばれた面々が、その後1997年1月発足した「新しい歴史教科書をつくる会」（「つくる会」）の主要メンバーとなっている。藤岡信勝［当時・東大教授］、西尾幹二［評論家］、小林よしのり［漫画家］、坂元多加雄［学習院大教授］）などである。まさに、「歴史検討委員会」が「つくる会」の〝生みの親〟になり、その後「委員会」を継承することとなる「日本の前途と歴史教育を考える若手議員の会」が〝育ての親〟となったのである。

（6）1997年1月、先のメンバーに阿川佐和子（エッセイスト）らの著名人らも呼びかけ人に加わり「つくる会」が発足した。一方役割を終えた「歴史検討委員会」は、自民党の国会議員連盟「日本の前途と歴史教育を考える若手議員の会」（代表・中川昭一、事務局長・安倍晋三）に衣替えをし、「方針」どおりの活動を行った。彼らは相次いで国会質問に立ち（板垣正、片山虎之助、小山孝雄、町村信孝、安倍晋三、奥野誠亮らは）「近隣諸国条項」の撤廃、「慰安婦」の教科書記述削除、南京大虐殺の削除などを求め、それまでの政府の姿勢について声高に「土下座外交」「軟弱外交」と罵ったのである。

国会内でのこうした議員たちの「活動」を両輪の一方の輪とすると「つくる会」はもう一方の輪として、「歴史教科書是正を求める会」（会長・三輪和雄）「昭和史研究所」（代表・中村独協大教授）「教科書改善連絡協議会」（会長・三浦朱門）などの右翼市民組織や右派学者らと連携し、政治家・学者・民間が三位一体となってのまさに「国民運動」を押し広げていった。彼らの攻撃の中心は「侵略戦争史観」の排斥、そして、「従軍慰安婦」と「南京大虐殺」の否定であった。

彼らは、これらについて要約すれば、次のように主張している。

先の戦争は、日本のアジア進出によって欧米帝国主義のくびきからアジアを解放した大東亜解放の戦争であって、侵略戦争ではない。

「従軍慰安婦」は存在しない。いわゆる「慰安婦」といわれる人たちは自発的に商行為として日本兵の相手をしたものであり、軍は関与していない。

「南京事件」も存在しない。通常の戦闘行為の中で若干の行き過ぎた行為はあったかもしれないが、何事も針小棒大に言う中国のでっち上げた事件だ。

このような主張を、「歴史偽造」と言わずしてなんと呼ぶべきであろうか。理由は次に述べる通りである。

（7）１９３1年9月18日の「満州事変」から45年８月15日の日本敗戦にいたるアジアへの戦争と、朝鮮・台湾の統治は、まぎれもない侵略戦争であり、植民地支配であった。そのことは、前述した「国会決議」や各種「官房長官」談話でも明確に表明されている。

その根拠は、言うまでもなく極東国際軍事裁判（東京裁判）が、日本の戦争を侵略戦争と断定したことを、日本政府も受諾しているからに他ならない。サンフランシスコ対日講和条約第十一条の前段は、「日本国は、極東国際軍事裁判所並びに日本国内及び国外の他の連合国戦争犯罪法廷の裁判を受諾し、且つ、日本国で拘禁されている日本国民にこれらの法廷が課した刑を執行するものとする」となっており、日本はこの条項を受諾し講和がもたらされたのである。

さらに、1982年の「侵略」か「進出」かをめぐって教科書が国際問題化した折、ときの鈴木善幸内閣の小川文部大臣は、同年8月6日の衆議院文教委員会で、明確に「侵略戦争であった」と閣僚として公式に認めた(『読売新聞』1982年8月6日夕刊)。それが、先に見た「宮沢談話」に結びつくのであるが、靖国公式参拝をした中曽根首相自身も、1986年8月30日の共同通信加盟各社編集局長会議で講演し「A級戦犯合祀は、侵略された相手側の国民感情を刺激する。私はあの戦争は侵略戦争だと思っている」(『毎日新聞』1986年9月4日)と述べている。後藤田官房長官も同年8月19日の衆議院内閣委員会で「サンフランシスコ条約第十一条で、国と国との関係においては、わが国は東京裁判を受諾しているという事実がある」(『毎日新聞』1986年8月20日)と述べ、東京裁判の正当性とその受諾を統一見解として明らかにしている。

すなわち、その後一貫して日本政府自身は、この戦争が「侵略戦争」であり、アジア諸国民に多大な被害を与えたことを事実として認定し、その立場を堅持し続けてきたのであった。

(8)先の戦争がまぎれもない侵略戦争であったことは、次の「侵略」という国際的定義に照らしても疑う余地がない。(略)

(9)「従軍慰安婦」問題については、それは軍が関与したものであり、人間の尊厳を根底から傷つけたものであることは、先に見た「河野談話」からも明らかであるが、国際的に見ても国連人権委員会において次のような報告がなされている。

一つは、1996年に提出された「ラディカ・クマラスワミ報告」である。94年から2年間かけて、被害者・加害者双方の調査を行った結果、「日本政府は、以下を行うべきである」と結論付けた。

(中略)

かの都議や石原都知事そして「つくる会」の諸氏がいくら「商売女」と強弁しても、それはもはや世界的にも通用しない。そればかりか、被害者女性たちの尊厳を二重に踏みにじるものであってとうてい許されるものではない。その点でも彼らは「歴史偽造主義者」と呼ばれて当然であり、徹底的に断罪されるべきである。

「南京大虐殺事件」もその存在と実態は東京裁判で明らかにされ、その総責任者として上海派遣軍司令官・松井石根が処刑されているという事実、そしてこの事実をサ条約第十一条で受諾しているのであって、その点からもこれを否定できない。また、これを否定する人々がどのようにデマ・でっち上げの類の宣伝をしようが、この事件についての学問的決着はすでになされている。

以上

歴史の歯車を逆転させようとするのか

さて、1924年(大正13)、教育界では川井訓導事件というものが起こった。生徒達への手紙の中に紹介しておいたが、長野県松本女子師範付属小学校の川井清一郎訓導が、修身の時間に国定教科書を使わず、森鴎外の文学作品を使って授業を行ったことで、懲戒免職になったものだ。

大正デモクラシー下の自由主義教育の抹殺であった。

そして、昭和に入り、つづり方教育事件、教員赤化事件等を経て、子ども達は社会と歴史の真実を直視する教育を受けること、事実に基づき、間違っていることに対しては批判していくべきことを学ぶことができず、日本の国民はアジア・太平洋戦争の侵略戦争に邁進し、大きな惨禍を他国民、自国民に与えていくことになった。

その反省の上に作られたはずの憲法・１９４７年版教育基本法を改悪することは何を意味するのか？　この21世紀に、国民主権・基本的人権の尊重・平和主義の憲法を持つ日本の「国の形」が捻じ曲げられ、憲法が改悪され、第九条の「戦争放棄」を放棄して、再び戦争への道を日本が歩んでいく可能性が大きくなっていることを示しているのではないだろうか？　それを見ている世界は、韓国・中国だけでなく、前記英国テレビ局の報道のように、日本の「右傾化」に対する憂慮の声が絶えない。

その「右傾化」の大きな第一歩として、06年12月末、自民・公明の強行採決により、「真理と平和を希求する」憲法理念を実現する子どもを育てることを目標とした、１９４７年版教育基本法はついに改悪されてしまった。安倍晋三が官房長官だった時、「ヤラセ」によるタウンミーティングででっち上げた「教育基本法改正を求める世論」を口実にした暴挙だった。首相として、この改悪をしゃにむに推進した安倍晋三は、「子ども達に責任感が欠落している。規範意識が欠落している。道徳心が欠落している。それは47年版教基法のせいだ」などと言いながら、実はそれが欠落していたのは当の本人であったことを暴露して、07年9月12日、あまりにも無責任に突然、政権を放棄した。

１９４７年版教育基本法と２００６年版教育基本法を比較すれば、第一条の目的では、47年版の「個人の価値をたつとび」「自主的精神に充ちた」という文言が、06年版では消えてしまったことが特徴である。06年版教基法の目的は、「個人の価値」でなく「国家・社会の形成者としての資質」づくりであり、これが教育の目的の「人格の完成」なので、目標そのものが「個人の価値」の尊重から「国家にとって有用な人材育成」に変わったのである。

第二条は、「教育の方針」から「教育の目標」に変わっている。方針は概括的な方向付けを示すが、目標となると評価可能、点数付け可能となり、教師は評価・点数付けをしなければならなくなる。養うべき態度は五つ、徳目は20に及び、違反すると法律違反となる。教育勅語ですら列挙した徳目は13だったのに……。

とくに問題になるのは、第二条第5項の「我が国と郷土を愛する態度」、いわゆる愛国心条項と言われるものである。テレビの街頭インタビューなどで「愛国心教育がよいか悪いか」と聞いていたが、良いか悪いかを判断する自由はなくなったのである。学校は「国を愛する態度」を養わなければならず、通知表や教員評価で「養っていない」と評価されれば法律違反になる。その他、格差社会化の推進、新自由主義・国家主義を幼児教育・生涯教育まで及ぼし、平和憲法と切断するなど、子ども達を主権者として育てることをさせない教育を目標とする教育の「基本法」となっている。

とにかく、憲法を改悪し、自衛隊をアメリカの従属軍として使って戦争をしていきたい権力者達にとっては、子ども達に侵略戦争と植民地支配の歴史の真実を教え、日本国憲法の理念に忠実な平和教育をする教員は、「自虐史観」を子ども達に教え込み、国家に忠実な「愛国心」を育てないため、邪魔で仕方がなかった、なんとしても教育現場から排除したかった……そのためには何としても教基法改悪が必要だったのである。そして、それを改悪前に実行したのが、石原慎太郎都知事下の東京都教育委員会だったのだ。

平和教育への誇り

しかし、私は、子ども達に正しい歴史認識をはぐくみ、侵略戦争の惨禍を再び繰り返さない証として作られた日本国憲法の理念に忠実な、社会科教師であることに誇りを持っている。もし、この私の免職処分が、「21世紀の川井訓導事件」となり、覆されることがなければ「日本は侵略戦争の反省はしない。だから、日本の子ども達に侵略の真実や日本国憲法の理念を教えない。そして日本は戦争放棄の放棄をし、再び戦争する普通の国家になる」ということを、世界に表明することになるだろう。

しかし、それでは、あの戦争の無残な死者達……アジアで2千万人、日本で310万人の死者達……は、浮かばれないだろう。森正孝氏の論考に見られるように、１９８０年代までは、日本も遅ればせながら、歴史を正視・直視しようとする方向に来ていた。

私は平凡な一社会科教員に過ぎなかったが、その歴史の動きに沿って河野洋平談話が言う「歴史の真実を回避することなく、むしろこれを歴史の教訓として直視していきたい。われわれは、歴史研究、歴史教育を通じて、このような問題を永く記憶にとどめ、同じ過ちを決して繰り返さない」教育に真摯に取り組んだ。

その結果、河野談話を憎悪するバックラッシュ勢力である「歴史偽造主義者達」に狙われ、「公務員不適格」としての分限免職などという理不尽に見舞われている。しかし、これは逆に私の教育の正しさをこそ、証明したものだ。私は歴史に選ばれたのだ！（もちろん自から望んだわけではない）。

私は、歴史の歯車を逆転させようとする者達と、断固として闘い続ける！

I SHALL OVERCOME SOMEDAY!!（勝利は我にあり!!）

あとがき

1997年6月、足立区立第十六中学校において、2年社会科・地理「沖縄県」の授業で米軍基地問題を日本国憲法の原則である平和主義に則って教えたことで、1人の母親によって「反米偏向教育」攻撃事件＝足立十六中事件を起こされた。これをきっかけに、右翼勢力や全教（都教組）も含めて私の平和教育に対する第1次総攻撃が始まってから、はや10年になる。

本書で詳細にしたが、千代田区立九段中学校では扶桑社教科書と右翼都議の侵略否定発言を批判して生徒に教えたことによって、05年から第2次総攻撃が始まり、「分限免職」という無法な処分を受けた。しかし、英テレビ局『CH4』のインタビュアーに答えたように、私は一度も「後悔」というものをしたことがない。この10年間の私の闘いが示したものは、私の平和教育の正しさ！　であった、と確信している。

実は、当時はTと名乗っていた東京新聞の記者は、「日の丸・君が代」問題では都教委に批判的な記事を書いていたので、電話してみたことがあった。「法令を守るべき都教委が個人情報を都議会議員に提供するというような、子どもが見ても違法行為と分かるようなことをしていることを報道してください。都議会で都議が、日本の侵略を否定する発言をしていることを問題として報道してください。それや扶桑社教科書を批判して教えたために処分された教員がいる、ということを、権力による違法な権力行使を監視するジャーナリストとして報道してください」と頼んだのである。

電話口の答えはこうだった。「いまどき、地方議会でそんなこと言う議員はいっぱいいますからニュースにはなりませんよ。増田さんは狙われていたんだから、ワキが甘かったですね」。……この言葉を聞いた時、日本ではジャーナリストと呼べる記者は一応、名の通った新聞社にはもう存在しないのかもしれない、と思ったものだ。

しかし、日本ではそういう状況があっても、第5章で見たように海外メディアは、私の教育権剥奪を日本の右傾化の顕著な表れとして的確に報道してくれた。そのことによって、韓国内では釜山市民団体協議会の理事長である金嘻魯先生のように強い支援をしてくださる方々も出てきた。金嘻魯先生が都教委に提出してくれた、私の分限免職撤回要求署名に付けてくださった言葉は心にジーンと響いた。それには、こう書いてあった。

「東京都教育委員会は、増田先生を『植民地支配と侵略』を否定するという誤った日本の歴史認識を批判する授業を行ったという理由で解雇しました。私たちは、増田先生の行動は、アジア永遠の平和と正しい歴史教育にとって、正当なことであると評価しています。ここに私達は、増田先生の不当解雇撤回と職場復帰を、韓国国民の良心の名の下に要求します」

また、民主労総の方は、以下のような心のこもったメッセージを送ってくださった。

〈増田都子先生に対する不当解雇を撤回しろ！〉

日本にいらっしゃる仲間のみなさん、こんにちは。私は、韓国の民主労総解雇者復職闘争特別委員会（全解闘）委員長として活動している李《イ》虎東《ホドン》です。民主労総の幹部でもありますが、韓国の解雇者の闘争をまとめる全解闘委員長として、悔しくも解雇された増田先生の現職復帰闘争の勝利のために連帯のあいさつをいたします。

増田先生の解雇の理由は、「日本帝国主義の侵略と植民地支配」という歴史的事実と、今後の「和解のためにどのようにすべきか」という主題の授業のためだと聞きました。本当に痛嘆すべきことです。

韓国人の相当数がそうであるように、私も、過去の日米帝国主義のアジア侵略の過程で血の涙が出るような家族史を受け継いだ人間です。日帝時代に伯父が独立軍・八路軍で活動した関係で、解放後、妻の実家はすべて中国の地に残り、60年間離散家族として血の涙が出るような家族史を続けてきました。家族と離れ、涙が枯れる日はなかった私の母は、結局家族と会えずに亡くなりました。それゆえ、私は、日本政府と帝国主義残存勢力の行動と態度に我慢ならない怒りを感じています。

否認することなどできない明らかな犯罪行為に対する反省はおろか、歴史的事実を否認し、さらには成長途上にある世代の教科書を通して歪められた歴史を教育する行為は、被害当事国だけでなく、国際的にも非難の対象になっています。歴史教科書を歪曲する行為は、すさまじい犯罪行為を再び行うことであり、許すことのできない第2次加害行為です。

私達は、アジアの平和を目指す正しい歴史教育ゆえに解雇された増田先生が現職復帰するその日まで、力いっぱい連帯して闘います。現職復帰を勝ち取ろう！　ともにたたかおう！

韓国・民主労総・解雇者復職闘争特別委員会（全解闘）委員長　李虎東

日本国内ではマスメディアの報道はなくとも、口コミあるいはインターネットを通じて、私の平和教育への右翼勢力の攻撃の本質を見抜いた大勢の人達が支えとなってくれている。これは第1次攻撃の時よりもさらに大きく、さらに広がっている！

この金曀魯先生や李虎東氏をはじめとして、右翼勢力・石原都教委による攻撃と、それに対する断固たる闘いがなかったならば、絶対に知り合うことのなかった人々、心からの信頼と敬愛に値する人々と知り合えたことを私は本当に心底、幸せに思っている。

辻井喬先生、鎌田慧先生、そして社会批評社の小西誠氏も、もちろん、この攻撃とそれへの闘いがなければ、絶対に知り合うことなどなかった方々である。皆様が、私などおよびもつかないほど忙しい方々なのに、無理なお願いを快く引き受けていただき、本当にありがとうございました。どれほどの謝意を表明しても、し足りない気がするのですが、私の表現力では月並みなことしか言えず、もどかしい気がしています。

また、私を陰に陽に励ましてくれる教え子達！　本当に本当にありがとう！「正義が勝ちましたよ！」と、あなた達に告げられる、その日が来るまで私は絶対に負けませんから！

07年11月15日

著者略歴

増田都子（ますだ・みやこ）

1950年東京生まれ。島根大学卒業後、東京都江東区立中学校で教職をスタート。1999年から現場をはずされ、都立教育研究所（現・東京都教職員研修センター）で、人権侵害の懲罰・長期　研修を強制される。2002年現場復帰。また、2005年9月からさらに懲罰研修を強制され、2006年不当にも分限免職処分を受けた。

現在、予備校講師や各地で市民歴史講座の講師をしている。

著書に『中学生マジに近現代史』（ふきのとう書房）、『教育を破壊するのは誰だ！』（社会評論社）、『たたかう！　社会科教師』（社会批評社）。

●たたかう！ 社会科教師

——戦争の真実を教えたらクビなのか？

2008年2月10日　第1刷発行

定　価　（本体1700円＋税）
著　者　増田都子
装　幀　佐藤俊男
発行人　小西　誠
発　行　株式会社　社会批評社
東京都中野区大和町1-12-10 小西ビル
電話／03-3310-0681　FAX／03-3310-6561
郵便振替／00160-0-161276
URL　http://www.maroon.dti.ne.jp/shakai/
Facebook　https://www.facebook.com/shakaihihyo
Email　shakai@mail3.alpha-net.ne.jp
印　刷　モリモト印刷株式会社